토익 스피킹

10회
모의고사
만으로

IH 넘기

다락원

토익 스피킹
10회 모의고사만으로 IH넘기

지은이 Michael A. Putlack, Stephen Poirier, Tony Covello,
다락원 토익 연구소

펴낸이 정규도
펴낸곳 (주)다락원

초판 발행 2019년 4월 1일
개정2판 3쇄 발행 2024년 1월 12일

책임 편집 홍인표, 조상익
디자인 구수정, 윤현주, 정규옥

다락원 경기도 파주시 문발로 211
내용 문의 (02)736-2031 내선 551
구입 문의 (02)736-2031 내선 250~252
Fax (02)732-2037
출판 등록 1977년 9월 16일 제406-2008-000007호

사진 출저 셔터스톡

ISBN 978-89-277-8038-0 13740

http://www.darakwon.co.kr
다락원 홈페이지를 방문하시면 상세한 출판 정보와 함께 MP3 자료 등의
다양한 어학 정보를 얻으실 수 있습니다.

토익 스피킹

10회
모의고사
만으로

IH 넘기

토익 스피킹은 영어의 말하기 능력을 직접적으로 평가하기 위해 개발된 시험으로서, 이러한 목적을 가진 시험들 중에서 가장 효과적인 시험으로 인정받고 있습니다. 요즘 업무 환경에서는 말하기 능력이 필수적으로 요구되기 때문에, 토익 스피킹은 취업 및 승진을 위해 반드시 준비해야 하는 시험이 되었습니다.

토익 스피킹 시험은 말하기 능력을 측정하는 것을 목적으로 하기 때문에, 이미 영어를 유창하게 구사할 수 있는 학습자들은 시험 유형을 파악한다면 어렵지 않게 원하는 레벨을 달성할 수 있을 것입니다. 하지만 영어 말하기에 자신감을 갖지 못한 학습자들이 상당히 많을 것이며, 이러한 경우 시험 유형을 파악하는 것은 물론 예시 답변을 실제로 말하는 연습을 반복적으로 하여 실전에 대비해야 합니다. 토익 스피킹도 유형이 정해져 있는 시험이기 때문에 이러한 노력을 기울인다면 분명히 원하는 성적을 얻을 수 있습니다.

〈토익스피킹 10회 모의고사만으로 IH 넘기〉는 10회분의 실전 모의고사가 수록된 교재로서, 수험생들이 실제 시험을 보기 전에 실전 감각을 최대한 끌어올릴 수 있도록 하기 위해 개발되었습니다. 모든 문제에 대해 답변 전략이 제시되어 있어 문제 유형에 따라 답변을 만들어 보는 훈련을 반복하여 실제 시험에 대비할 수 있습니다. 그리고 많은 수험생들이 목표로 하고 있는 IH 등급 달성을 위한 '모범 답변'이 수록되어 있어, 이를 활용하여 학습한다면 원하는 목표를 달성할 수 있을 것입니다. 뿐만 아니라, AL 등급 달성을 위한 모범 답변도 제공되고 있으므로, 한 단계 위의 등급을 목표로 하는 분들이 학습하기에도 적절한 교재입니다.

2022년 6월 4일 시험부터 토익 스피킹 시험이 변경되었습니다. 이에 따라 개정 사항을 교재에 반영하여 변경된 시험에 대비할 수 있도록 했습니다.

〈토익스피킹 10회 모의고사만으로 IH 넘기〉를 학습하는 모든 분들이 목표하는 등급을 달성하기 바라며, 이를 바탕으로 원하는 바를 이룰 수 있기를 바랍니다.

다락원 토익 연구소

📺 목차

별책 모범 답변 · 해석 · 해설

토익 스피킹이란?

토익 스피킹은 글로벌 환경에서 영어로 대화하는 것이 가능한지를 평가하기 위해 개발된 시험이다. 컴퓨터 상에서 응시자의 음성을 녹음하는 컴퓨터 네트워크 환경을 기반으로 실시되며, 약 20분 정도의 시험 시간이 소요된다.

시험의 구성

총 문항 수는 11개이며, 문제의 유형은 5개이다. 각 문제에 대한 자세한 정보는 아래와 같다.

문제 번호	문제 유형	준비 시간	답변 시간
1–2	Read a text aloud 지문 읽기	각 45초	각 45초
3–4	Describe a picture 사진 묘사하기	각 45초	각 30초
5–7	Respond to questions 듣고 질문에 답하기	각 3초	5, 6번: 15초 7번: 30초
8–10	Respond to questions using information provided 제공된 정보를 사용하여 질문에 답하기	각 3초 (정보 분석 시간 45초)	8, 9번: 15초 10번: 30초
11	Express an opinion 의견 제시하기	45초	60초

시험의 평가

각 문제의 배점은 아래의 표와 같다. 문제의 난이도에 따라 가중치가 적용된다.

문제 번호	평가 기준	점수
1–2	발음, 억양, 강세	각 3점 만점
3–4	발음, 억양, 강세, 문법, 어휘, 일관성	각 3점 만점
5–7	위의 모든 항목들, 내용의 연결성, 내용의 완성도	각 3점 만점
8–10	위의 모든 항목들	각 3점 만점
11	위의 모든 항목들	5점 만점

노트테이킹(Note-taking) 허용

2019년 6월 1일 시험부터 TOEIC Speaking과 TOEIC Writing 시험 중에 노트테이킹(Note-taking)이 허용된다.

① 반드시 시험센터에서 제공하는 규정 메모지(스크래치 페이퍼)와 필기구만을 사용하여야 한다.

② 시험 종료 후 사용한 메모지(스크래치 페이퍼)와 필기구는 감독관에게 반납해야 한다.

토익 스피킹 등급 및 토익과의 상관 관계

시험의 평가 점수를 환산하여 총점은 최저 0점에서 최고 200점으로 매겨진다. 점수에 따른 토익 스피킹 등급은 아래와 같다. 또한, 토익 스피킹 등급과 토익 점수와의 상관 관계를 통해 본인의 영역별 영어 실력을 가늠해 볼 수 있다.

TOEIC Speaking 등급	TOEIC Speaking 점수	TOEIC	
		TOEIC 평균 점수	TOEIC 점수 범위
AH (Advanced High)	200	975	960 ~ 990
AM (Advanced Mid)	180 ~ 190	945	925 ~ 955
AL (Advanced Low)	160 ~ 170	895	855 ~ 920
IH (Intermediate High)	140 ~ 150	815	780 ~ 850
IM3 (Intermediate Mid 3)	130	750	725 ~ 775
IM2 (Intermediate Mid 2)	120	700	680 ~ 720
IM1 (Intermediate Mid 1)	110	660	630 ~ 675
IL (Intermediate Low)	90 ~ 100	600	540 ~ 625
NH (Novice High)	60 ~ 80	480	420 ~ 535
NM / NL (Novice Mid / Low)	0 ~ 50	360	415 이하

시험 접수

토익 스피킹 테스트는 인터넷과 어플리케이션을 통해 접수해야 하며 방문 접수는 받지 않는다.

입실 시간

시험 시간 전까지 시험 센터에 도착해야 하며, 입실 금지 시각 이후에는 시험에 응시할 수 없으므로 늦지 않도록 한다.

시험 시간	입실 시간	입실 금지 시각
09:30	09:30 ~ 09:39	09시 40분
10:30	10:30 ~ 10:39	10시 40분
11:30	11:30 ~ 11:39	11시 40분
12:30	12:30 ~ 12:39	12시 40분
13:30	13:30 ~ 13:39	13시 40분
14:30	14:30 ~ 14:39	14시 40분
15:30	15:30 ~ 15:39	15시 40분
16:30	16:30 ~ 16:39	16시 40분
17:30	17:30 ~ 17:39	17시 40분
18:30	18:30 ~ 18:39	18시 40분
19:30	19:30 ~ 19:39	19시 40분

*해당 타임이 없을 경우 매 시간 40분부터 입실할 수 없다.

규정 신분증

시험 당일 규정 신분증을 소지하고 있지 않을 경우 시험에 응시할 수 없으므로, 시험 당일 아래에 명시된 신분증을 지참했는지 반드시 확인하도록 한다.

구분	규정 신분증
대학생/일반인	주민등록증, 운전면허증 (경찰청 발행), 기간 만료 전의 여권, 공무원증, 장애인 복지카드
초등학생	기간만료전의 여권, 주민등록등본/초본, 건강보험증, 청소년증
중고등학생	학생증 (국내 학생증만 허용), 기간 만료 전의 여권, 청소년증
군인	공무원증 (장교 및 부사관, 군무원), 사병 (TOEIC Speaking 정기시험 신분확인증명서), 사관생도 신분증 (육군, 공군, 해군, 육군3사관, 국군간호사관)
외국인	외국인 등록증, 기간 만료 전의 여권, 재외국민 주민등록증

성적 확인

시험 성적은 성적 발표일에 인터넷 홈페이지와 어플리케이션을 통해 확인할 수 있다. 단, 특별시험 성적은 응시일로부터 약 2주 내외에 확인할 수 있다. 성적표 발급은 온라인과 우편을 통해 이루어지며, 온라인 성적 발급의 경우 성적 발표 후 즉시 발급 가능하고, 우편 수령 신청자의 경우 성적 발표일로부터 7~10일 이내에 성적표를 받아볼 수 있다.

Q1-2 | Read a text aloud 지문 읽기

개요

- 1번과 2번은 영어 지문을 읽는 문제로, 문제당 준비 시간 45초와 답변 시간 45초가 주어진다.
- 광고, 뉴스, 공지, 안내, 소개, 전화 메시지 등의 지문이 출제된다.
- 문제당 배점은 3점이며, 채점 평가 요소는 발음, 억양, 끊어 읽기, 그리고 강세이다.

답변 전략

- 준비 시간 45초 동안 지문을 소리 내어 읽은 다음, 발음, 강세, 억양에 주의해야 할 단어들을 파악하여 다시 한 번 연습한다.
- 답변을 할 때 준비 시간에 파악해 둔 주의해야 할 단어들에 유의하여 정확하고 자연스럽게 읽도록 한다.

Q3-4 | Describe a picture 사진 묘사하기

개요

- 3번과 4번은 사진을 묘사하는 문제로, 문제당 준비 시간 45초와 답변 시간 30초가 주어진다.
- 출제되는 사진의 유형은 사람이 중심인 사진과 사물 및 배경이 중심인 사진으로 구분된다.
- 문제당 배점은 3점이며, 채점 평가 요소는 발음, 억양, 끊어 읽기, 강세뿐만 아니라 문법, 어휘, 일관성까지 포함된다.

답변 전략

- 준비 시간 45초 동안 사진의 유형을 파악한 다음 이를 적절하게 묘사할 표현들을 떠올려 본다.
- 가장 먼저 사진을 전체적으로 설명한다. 즉, 사진의 주제와 장소를 설명하는 문장으로 답변을 시작한다.
- 중심이 되는 사람이나 사물을 묘사한 다음, 이어서 중심 대상의 주변과 세부적인 대상을 묘사하도록 한다.
- 필요할 경우 자신의 의견이나 느낌을 설명하며 답변을 마무리한다.

Q5-7 | Respond to questions 듣고 질문에 답하기

개요

- 5번~7번 문제는 특정 주제에 대한 설문 조사나 지인과 통화를 하고 있는 상황에서 짧은 질문에 답하는 유형이다. 준비 시간은 문제당 3초이며, 답변 시간은 5번과 6번은 15초, 7번은 30초이다.
- 출제되는 유형은 설문 조사의 경우 제품이나 서비스와 관련된 주제가, 지인과의 통화의 경우 일상 생활, 회사, 직업 등의 주제가 다루어진다.
- 배점은 각 3점으로 총 9점이다. 채점 평가 요소는 발음, 억양, 끊어 읽기, 강세, 문법, 어휘, 일관성에 더하여 답변 내용의 연결성과 완성도까지 포함된다.

답변 전략

- 화면에 제시되는 설문 조사, 또는 지인과의 통화에 대한 상황 설명을 통해 대화의 상대와 주제를 파악한다.
- 5번과 6번의 경우 의문사 의문문이 출제된다. 의문사를 집중해서 들으면서 질문의 내용을 정확히 파악한 다음, 답변할 때 질문에 주어진 어휘들을 활용하도록 한다.
- 7번의 경우 의견을 묻거나 제안을 요청하는 경우가 많다. 자신의 생각을 논리적으로 전달하는 것이 중요하므로, 먼저 주장을 제시한 다음 이를 뒷받침하는 근거를 제시하는 순서로 답변한다. 마지막에 자신의 주장을 한 번 더 정리하도록 한다.

Q8-10 | Respond to questions using information provided
제공된 정보를 사용하여 질문에 답하기

개요

- 8번~10번 문제는 제시되어 있는 표의 정보를 보며 질문에 답해야 하는 유형이다.
- 표의 정보를 파악하는 시간 45초가 제공되며 문제당 준비 시간은 3초이다. 답변 시간은 8번과 9번은 15초, 10번은 30초이다. 10번 문제는 두 번 들려준다.
- 출제되는 표의 유형은 일정표가 주를 이루며, 개인 일정, 행사의 시간표, 여행 일정표, 수업 시간표 등 종류는 매우 다양하다.
- 배점은 각 3점으로 총 9점이다. 채점 평가 요소는 발음, 억양, 끊어 읽기, 강세, 문법, 어휘, 일관성, 답변 내용의 연결성과 완성도이다.

답변 전략

- 화면에는 표만 제시되어 있으며 각각의 질문은 음성으로만 제시되기 때문에 질문의 내용을 정확히 파악하는 것이 중요하다.
- 정보를 묻는 유형이므로 의문사 의문문과 일반 의문문이 모두 출제된다.
- 8번과 9번의 경우 기본적인 정보를 확인하는 내용이 대부분이다. 질문을 듣고 표에서 해당되는 정보를 찾아 답해야 하므로, 표를 확인하는 45초의 시간 동안 주어진 정보를 가능한 한 정확히 파악해 두어야 한다.
- 10번의 경우 보다 구체적인 정보를 묻는 내용이므로 전달해야 할 정보가 한 가지가 아닌 두 가지 이상일 경우가 많다. 질문의 내용을 파악한 다음, 전달해야 하는 정보를 표에서 찾아 순서대로 나열해야 한다.

Q11 | Express an opinion 의견 제시하기

개요

- 11번 문제는 특정한 주제와 관련된 질문에 대해 자신의 의견을 제시해야 하는 유형이다.
- 질문의 유형으로는 진술에 대한 찬성, 반대를 묻는 찬반형, 둘 중 어느 것을 선호하는지를 묻는 선택형, 그리고 장점이나 단점을 묻는 서술형이 있다.
- 답변을 준비하는 시간은 45초이며, 답변 시간은 60초이다.
- 직장과 관련된 내용뿐만 아니라 일상 생활과 관련된 내용의 주제도 다루어진다.
- 배점은 5점이며, 채점 평가 요소는 발음, 억양, 끊어 읽기, 강세, 문법, 어휘, 일관성, 답변 내용의 연결성과 완성도이다.

답변 전략

- 화면에 제시되어 있는 질문을 보고 문제의 유형을 확인한 다음, 그 내용을 파악한다.
- 답변 준비 시간을 활용하여 자신의 의견과 이를 뒷받침하는 근거를 정리한다.
- 답변은 ① 의견 제시 ② 의견에 대한 근거 제시 ③ 의견을 다시 한 번 정리하며 마무리한다. 의견에 대한 근거는 두세 가지 정도를 제시하는 것이 적절하다.

실전 모의고사

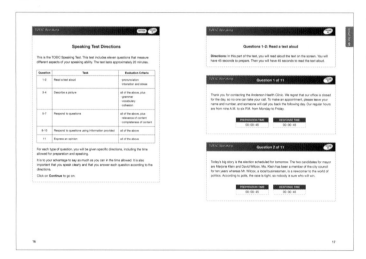

본책에는 최신 출제 경향을 반영한
실전 모의고사 10회분이 수록되어 있다.
음원을 들으며 실제 시험을 보는 것처럼
답변을 연습해볼 수 있다.

모범 답변 및 해석

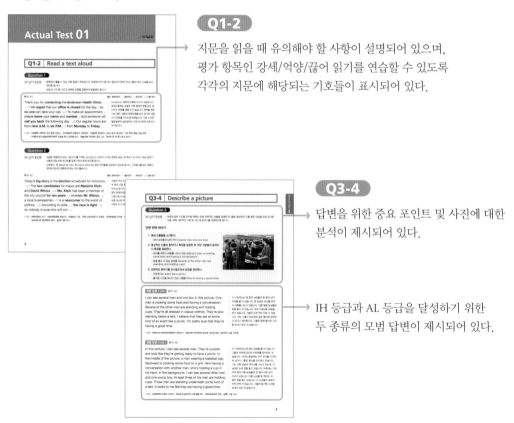

Q1-2

지문을 읽을 때 유의해야 할 사항이 설명되어 있으며,
평가 항목인 강세/억양/끊어 읽기를 연습할 수 있도록
각각의 지문에 해당되는 기호들이 표시되어 있다.

Q3-4

답변을 위한 중요 포인트 및 사진에 대한
분석이 제시되어 있다.

IH 등급과 AL 등급을 달성하기 위한
두 종류의 모범 답변이 제시되어 있다.

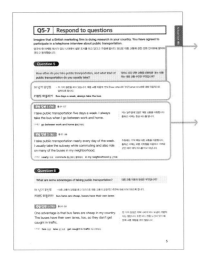

Q5-7

질문에서 언급된 단어들을 활용하여 답변하는 것이
효과적이므로 '키워드 떠올리기'를 통해 이를
연습해볼 수 있다.

두 종류의 모범 답변이 제공된다.

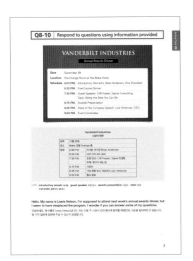

Q8-10

IH 등급 달성을 위한 중요 포인트와
함께 답변에 필요한 표의 정보 또한
제시되어 있다.

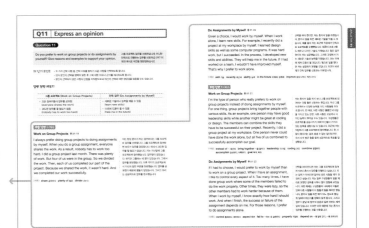

Q11

찬반형 문제와 선택형 문제의 경우
각각의 항목에 대해 두 종류의
모범 답변이 수록되어 있어서,
다양한 답변을 연습해볼 수 있다.

ACTUAL TEST

01

Speaking Test Directions

This is the TOEIC Speaking Test. This test includes eleven questions that measure different aspects of your speaking ability. The test lasts approximately 20 minutes.

Question	Task	Evaluation Criteria
1-2	Read a text aloud	· pronunciation · intonation and stress
3-4	Describe a picture	all of the above, plus · grammar · vocabulary · cohesion
5-7	Respond to questions	all of the above, plus · relevance of content · completeness of content
8-10	Respond to questions using information provided	all of the above
11	Express an opinion	all of the above

For each type of question, you will be given specific directions, including the time allowed for preparation and speaking.

It is to your advantage to say as much as you can in the time allowed. It is also important that you speak clearly and that you answer each question according to the directions.

Click on **Continue** to go on.

TOEIC Speaking VOLUME

Questions 1-2: Read a text aloud

Directions: In this part of the test, you will read aloud the text on the screen. You will have 45 seconds to prepare. Then you will have 45 seconds to read the text aloud.

TOEIC Speaking   **Question 1 of 11** VOLUME

Thank you for contacting the Anderson Health Clinic. We regret that our office is closed for the day, so no one can take your call. To make an appointment, please leave your name and number, and someone will call you back the following day. Our regular hours are from nine A.M. to six P.M. from Monday to Friday.

PREPARATION TIME	RESPONSE TIME
00:00:45	00:00:45

TOEIC Speaking   **Question 2 of 11** VOLUME

Today's big story is the election scheduled for tomorrow. The two candidates for mayor are Marjorie Klein and David Wilcox. Ms. Klein has been a member of the city council for ten years whereas Mr. Wilcox, a local businessman, is a newcomer to the world of politics. According to polls, the race is tight, so nobody is sure who will win.

PREPARATION TIME	RESPONSE TIME
00:00:45	00:00:45

Questions 3-4: Describe a picture

Directions: In this part of the test, you will describe the picture on your screen in as much detail as you can. You will have 45 seconds to prepare your response. Then you will have 30 seconds to speak about the picture.

PREPARATION TIME	RESPONSE TIME
00:00:45	00:00:30

Actual Test 01

PREPARATION TIME	RESPONSE TIME
00:00:45	00:00:30

Questions 5-7: Respond to questions

Directions: In this part of the test, you will answer three questions. You will have three seconds to prepare after you hear each question. You will have 15 seconds to respond to Questions 5 and 6 and 30 seconds to respond to Question 7.

Imagine that a British marketing firm is doing research in your country. You have agreed to participate in a telephone interview about public transportation.

TOEIC Speaking

Question 5 of 11

Imagine that a British marketing firm is doing research in your country. You have agreed to participate in a telephone interview about public transportation.

How often do you take public transportation, and what kind of public transportation do you usually take?

PREPARATION TIME	RESPONSE TIME
00:00:03	00:00:15

TOEIC Speaking

Question 6 of 11

Imagine that a British marketing firm is doing research in your country. You have agreed to participate in a telephone interview about public transportation.

What are some advantages of taking public transportation?

PREPARATION TIME	RESPONSE TIME
00:00:03	00:00:15

TOEIC Speaking

Question 7 of 11

Imagine that a British marketing firm is doing research in your country. You have agreed to participate in a telephone interview about public transportation.

Think about the public transportation in your city. How can it be improved? Why do you think so?

PREPARATION TIME	RESPONSE TIME
00:00:03	00:00:30

Questions 8-10: Respond to questions using information provided

Directions: In this part of the test, you will answer three questions based on the information provided. You will have 45 seconds to read the information before the questions begin. You will have three seconds to prepare and 15 seconds to respond to Questions 8 and 9. You will hear Question 10 two times. You will have three seconds to prepare and 30 seconds to respond to Question 10.

VANDERBILT INDUSTRIES

Annual Awards Dinner

Date	December 29
Location	The Orange Room at the Blake Hotel
Schedule	6:00 P.M. Introductory Remarks, Brian Anderson, Vice President
	6:20 P.M. Five-Course Dinner
	7:30 P.M. Guest Speaker: Cliff Frazier, Sigma Consulting Topic: Being the Best You Can Be
	8:15 P.M. Awards Presentation
	8:45 P.M. State of the Company Speech, Lois Holtzman, CEO
	9:00 P.M. Event Concludes

PREPARATION TIME
00:00:45

PREPARATION TIME
00:00:03

RESPONSE TIME
00:00:15

VANDERBILT INDUSTRIES

Annual Awards Dinner

Date	December 29
Location	The Orange Room at the Blake Hotel

Schedule		
	6:00 P.M.	Introductory Remarks, Brian Anderson, Vice President
	6:20 P.M.	Five-Course Dinner
	7:30 P.M.	Guest Speaker: Cliff Frazier, Sigma Consulting Topic: Being the Best You Can Be
	8:15 P.M.	Awards Presentation
	8:45 P.M.	State of the Company Speech, Lois Holtzman, CEO
	9:00 P.M.	Event Concludes

PREPARATION TIME	RESPONSE TIME
00:00:03	00:00:15

VANDERBILT INDUSTRIES

Annual Awards Dinner

Date	December 29
Location	The Orange Room at the Blake Hotel
Schedule	6:00 P.M. Introductory Remarks, Brian Anderson, Vice President
	6:20 P.M. Five-Course Dinner
	7:30 P.M. Guest Speaker: Cliff Frazier, Sigma Consulting
	Topic: Being the Best You Can Be
	8:15 P.M. Awards Presentation
	8:45 P.M. State of the Company Speech, Lois Holtzman, CEO
	9:00 P.M. Event Concludes

PREPARATION TIME	RESPONSE TIME
00:00:03	00:00:30

TOEIC Speaking VOLUME

Question 11: Express an opinion

Directions: In this part of the test, you will give your opinion about a specific topic. Be sure to say as much as you can in the time allowed. You will have 45 seconds to prepare. Then you will have 60 seconds to speak.

TOEIC Speaking VOLUME

Do you prefer to work on group projects or do assignments by yourself? Give reasons and examples to support your opinion.

PREPARATION TIME	RESPONSE TIME
00:00:45	00:01:00

톰의 스피킹 10일 모의고사만으로 해 H 넘기

ACTUAL
TEST

02

Speaking Test Directions

This is the TOEIC Speaking Test. This test includes eleven questions that measure different aspects of your speaking ability. The test lasts approximately 20 minutes.

Question	Task	Evaluation Criteria
1-2	Read a text aloud	· pronunciation · intonation and stress
3-4	Describe a picture	all of the above, plus · grammar · vocabulary · cohesion
5-7	Respond to questions	all of the above, plus · relevance of content · completeness of content
8-10	Respond to questions using information provided	all of the above
11	Express an opinion	all of the above

For each type of question, you will be given specific directions, including the time allowed for preparation and speaking.

It is to your advantage to say as much as you can in the time allowed. It is also important that you speak clearly and that you answer each question according to the directions.

Click on **Continue** to go on.

Questions 1-2: Read a text aloud

Directions: In this part of the test, you will read aloud the text on the screen. You will have 45 seconds to prepare. Then you will have 45 seconds to read the text aloud.

Greetings, everyone, and welcome to your first day of work here at Dagwood Electronics. My name is Stephanie, and I'll be leading today's orientation session, which will last for three hours. I'll describe your work duties and responsibilities in a moment. But right now, how about taking turns introducing yourselves in order to learn a bit about your new colleagues?

PREPARATION TIME	RESPONSE TIME
00:00:45	00:00:45

Marcel Beauty Supplies is pleased to announce it's releasing a new line of cosmetics this month. Called Precious, these cosmetics are designed to be long lasting and won't cause any harm to your skin. Precious cosmetics will be available both at department stores around the country and at various online shops. They will be available for purchase on November 15.

PREPARATION TIME	RESPONSE TIME
00:00:45	00:00:45

Questions 3-4: Describe a picture

Directions: In this part of the test, you will describe the picture on your screen in as much detail as you can. You will have 45 seconds to prepare your response. Then you will have 30 seconds to speak about the picture.

PREPARATION TIME	RESPONSE TIME
00:00:45	00:00:30

TOEIC Speaking

Actual Test 02

PREPARATION TIME	RESPONSE TIME
00:00:45	00:00:30

Questions 5-7: Respond to questions

Directions: In this part of the test, you will answer three questions. You will have three seconds to prepare after you hear each question. You will have 15 seconds to respond to Questions 5 and 6 and 30 seconds to respond to Question 7.

Imagine that a friend will be moving to your neighborhood. You are having a telephone conversation about where you live.

Imagine that a friend will be moving to your neighborhood. You are having a telephone conversation about where you live.

Where is the closest library in the neighborhood?

PREPARATION TIME	RESPONSE TIME
00:00:03	00:00:15

Imagine that a friend will be moving to your neighborhood. You are having a telephone conversation about where you live.

How can I get a library card?

PREPARATION TIME	RESPONSE TIME
00:00:03	00:00:15

Imagine that a friend will be moving to your neighborhood. You are having a telephone conversation about where you live.

What kinds of facilities does the library have?

PREPARATION TIME	RESPONSE TIME
00:00:03	00:00:30

Actual Test 02

Questions 8-10: Respond to questions using information provided

Directions: In this part of the test, you will answer three questions based on the information provided. You will have 45 seconds to read the information before the questions begin. You will have three seconds to prepare and 15 seconds to respond to Questions 8 and 9. You will hear Question 10 two times. You will have three seconds to prepare and 30 seconds to respond to Question 10.

Bronson Tours

Itinerary For: Ms. Sabrina Bradley
Prepared By: Paul Chamberlain

Departure from Boston	Boston Logan International Airport
	Thursday, October 28, 9:05 A.M.
	Pelican Airlines Flight 32
	Arrives in Atlanta on Thursday, October 28, 11:06 A.M.
Accommodations	Peachtree Hotel, Atlanta
	Double room
	4 nights
Departure from Atlanta	Hartsfield International Airport
	Monday, November 1, 11:30 A.M.
	Pelican Airlines Flight 18
	Arrives in Boston on Monday, November 1, 1:31 P.M.
Registration	Atlanta Trade Fair, Georgia International Convention Center
	4-day pass

PREPARATION TIME
00:00:45

PREPARATION TIME	RESPONSE TIME
00:00:03	00:00:15

Bronson Tours

Itinerary For: Ms. Sabrina Bradley
Prepared By: Paul Chamberlain

Departure from Boston	Boston Logan International Airport
	Thursday, October 28, 9:05 A.M.
	Pelican Airlines Flight 32
	Arrives in Atlanta on Thursday, October 28, 11:06 A.M.
Accommodations	Peachtree Hotel, Atlanta
	Double room
	4 nights
Departure from Atlanta	Hartsfield International Airport
	Monday, November 1, 11:30 A.M.
	Pelican Airlines Flight 18
	Arrives in Boston on Monday, November 1, 1:31 P.M.
Registration	Atlanta Trade Fair, Georgia International Convention Center
	4-day pass

PREPARATION TIME	RESPONSE TIME
00:00:03	00:00:15

Bronson Tours

Itinerary For: Ms. Sabrina Bradley
Prepared By: Paul Chamberlain

Departure from Boston	Boston Logan International Airport
	Thursday, October 28, 9:05 A.M.
	Pelican Airlines Flight 32
	Arrives in Atlanta on Thursday, October 28, 11:06 A.M.
Accommodations	Peachtree Hotel, Atlanta
	Double room
	4 nights
Departure from Atlanta	Hartsfield International Airport
	Monday, November 1, 11:30 A.M.
	Pelican Airlines Flight 18
	Arrives in Boston on Monday, November 1, 1:31 P.M.
Registration	Atlanta Trade Fair, Georgia International Convention Center
	4-day pass

PREPARATION TIME	RESPONSE TIME
00:00:03	00:00:30

TOEIC Speaking

Question 11: Express an opinion

Directions: In this part of the test, you will give your opinion about a specific topic. Be sure to say as much as you can in the time allowed. You will have 45 seconds to prepare. Then you will have 60 seconds to speak.

TOEIC Speaking

Do you agree or disagree with the following statement?

The government should pay for everyone to go to college.

Give specific reasons or examples to support your opinion.

PREPARATION TIME	RESPONSE TIME
00:00:45	00:01:00

ACTUAL TEST

03

Speaking Test Directions

This is the TOEIC Speaking Test. This test includes eleven questions that measure different aspects of your speaking ability. The test lasts approximately 20 minutes.

Question	Task	Evaluation Criteria
1-2	Read a text aloud	· pronunciation · intonation and stress
3-4	Describe a picture	all of the above, plus · grammar · vocabulary · cohesion
5-7	Respond to questions	all of the above, plus · relevance of content · completeness of content
8-10	Respond to questions using information provided	all of the above
11	Express an opinion	all of the above

For each type of question, you will be given specific directions, including the time allowed for preparation and speaking.

It is to your advantage to say as much as you can in the time allowed. It is also important that you speak clearly and that you answer each question according to the directions.

Click on **Continue** to go on.

Questions 1-2: Read a text aloud

Directions: In this part of the test, you will read aloud the text on the screen. You will have 45 seconds to prepare. Then you will have 45 seconds to read the text aloud.

In local news, the MTM Corporation released a statement today mentioning that it intends to open a brand-new facility in downtown Jacksonville two months from now. The company will operate a research center that's expected to employ approximately seventy-five full-time employees. This is the fifth company in the past month to state its plans to move to the city.

PREPARATION TIME	RESPONSE TIME
00:00:45	00:00:45

Hello and thank you for calling the office of Manpower Associates, the city's top job-placement firm. Our office is currently closed for the national holiday, but if you press one and wait for the beep, you can leave a voice message. Remember to provide your phone number so that one of our staffers can return your call the following day.

PREPARATION TIME	RESPONSE TIME
00:00:45	00:00:45

Questions 3-4: Describe a picture

Directions: In this part of the test, you will describe the picture on your screen in as much detail as you can. You will have 45 seconds to prepare your response. Then you will have 30 seconds to speak about the picture.

PREPARATION TIME	RESPONSE TIME
00:00:45	00:00:30

PREPARATION TIME	RESPONSE TIME
00:00:45	00:00:30

Actual Test 03

Questions 5-7: Respond to questions

Directions: In this part of the test, you will answer three questions. You will have three seconds to prepare after you hear each question. You will have 15 seconds to respond to Questions 5 and 6 and 30 seconds to respond to Question 7.

Imagine that an American marketing firm is doing research in your country. You have agreed to participate in a telephone interview about online shopping.

Imagine that an American marketing firm is doing research in your country. You have agreed to participate in a telephone interview about online shopping.

What do you usually purchase while doing online shopping?

PREPARATION TIME	RESPONSE TIME
00:00:03	00:00:15

Imagine that an American marketing firm is doing research in your country. You have agreed to participate in a telephone interview about online shopping.

Do you shop online more often than you shop at physical stores? Why or why not?

PREPARATION TIME	RESPONSE TIME
00:00:03	00:00:15

Imagine that an American marketing firm is doing research in your country. You have agreed to participate in a telephone interview about online shopping.

Think about your most recent online purchase. What did you buy, and why did you buy it?

PREPARATION TIME	RESPONSE TIME
00:00:03	00:00:30

Actual Test 03

Questions 8-10: Respond to questions using information provided

Directions: In this part of the test, you will answer three questions based on the information provided. You will have 45 seconds to read the information before the questions begin. You will have three seconds to prepare and 15 seconds to respond to Questions 8 and 9. You will hear Question 10 two times. You will have three seconds to prepare and 30 seconds to respond to Question 10.

DYNAMO CONSULTING
One-Day Sales Seminar

Time	Room	Event	Notes
9:00 A.M. – 10:00 A.M.	202	Speech: Increasing Sales in the Domestic Market (Jonathan Davis)	Handouts to be given
10:00 A.M. – 11:30 A.M.	201	Roundtable Discussion: Becoming a Better Salesperson (Christina Stewart, Dave Arnold, Peter Yoo)	Questions welcome from attendees
11:30 A.M. – 1:00 P.M.	Cafeteria	Lunch	
1:00 P.M. – 2:30 P.M.	203	Speech: Developing New Business (Angela Roth)	Speech + short video presentation
2:30 P.M. – 4:30 P.M.	202	Role-Playing: New Sales Techniques	Hands-on activity by attendees
4:30 P.M. – 5:00 P.M.	201	Concluding Remarks (Jonathan Davis)	

PREPARATION TIME
00:00:45

PREPARATION TIME	RESPONSE TIME
00:00:03	00:00:15

DYNAMO CONSULTING

One-Day Sales Seminar

Time	Room	Event	Notes
9:00 A.M. – 10:00 A.M.	202	Speech: Increasing Sales in the Domestic Market (Jonathan Davis)	Handouts to be given
10:00 A.M. – 11:30 A.M.	201	Roundtable Discussion: Becoming a Better Salesperson (Christina Stewart, Dave Arnold, Peter Yoo)	Questions welcome from attendees
11:30 A.M. – 1:00 P.M.	Cafeteria	Lunch	
1:00 P.M. – 2:30 P.M.	203	Speech: Developing New Business (Angela Roth)	Speech + short video presentation
2:30 P.M. – 4:30 P.M.	202	Role-Playing: New Sales Techniques	Hands-on activity by attendees
4:30 P.M. – 5:00 P.M.	201	Concluding Remarks (Jonathan Davis)	

PREPARATION TIME	RESPONSE TIME
00:00:03	00:00:15

Actual Test 03

DYNAMO CONSULTING
One-Day Sales Seminar

Time	Room	Event	Notes
9:00 A.M. – 10:00 A.M.	202	Speech: Increasing Sales in the Domestic Market (Jonathan Davis)	Handouts to be given
10:00 A.M. – 11:30 A.M.	201	Roundtable Discussion: Becoming a Better Salesperson (Christina Stewart, Dave Arnold, Peter Yoo)	Questions welcome from attendees
11:30 A.M. – 1:00 P.M.	Cafeteria	Lunch	
1:00 P.M. – 2:30 P.M.	203	Speech: Developing New Business (Angela Roth)	Speech + short video presentation
2:30 P.M. – 4:30 P.M.	202	Role-Playing: New Sales Techniques	Hands-on activity by attendees
4:30 P.M. – 5:00 P.M.	201	Concluding Remarks (Jonathan Davis)	

PREPARATION TIME	RESPONSE TIME
00:00:03	00:00:30

Question 11: Express an opinion

Directions: In this part of the test, you will give your opinion about a specific topic. Be sure to say as much as you can in the time allowed. You will have 45 seconds to prepare. Then you will have 60 seconds to speak.

Do you agree or disagree with the following statement?

The most talented writers are the most popular ones.

Give reasons and examples to support your opinion.

PREPARATION TIME	RESPONSE TIME
00:00:45	00:01:00

Actual Test 03

동의 스피킹 10일 모의고사 만으로 내 신기 툴의 스피킹

ACTUAL
TEST

04

Speaking Test Directions

This is the TOEIC Speaking Test. This test includes eleven questions that measure different aspects of your speaking ability. The test lasts approximately 20 minutes.

Question	Task	Evaluation Criteria
1-2	Read a text aloud	· pronunciation · intonation and stress
3-4	Describe a picture	all of the above, plus · grammar · vocabulary · cohesion
5-7	Respond to questions	all of the above, plus · relevance of content · completeness of content
8-10	Respond to questions using information provided	all of the above
11	Express an opinion	all of the above

For each type of question, you will be given specific directions, including the time allowed for preparation and speaking.

It is to your advantage to say as much as you can in the time allowed. It is also important that you speak clearly and that you answer each question according to the directions.

Click on **Continue** to go on.

Questions 1-2: Read a text aloud

Directions: In this part of the test, you will read aloud the text on the screen. You will have 45 seconds to prepare. Then you will have 45 seconds to read the text aloud.

Cavalier Bakery is pleased to announce that it's opening a third branch this Saturday. Located at 89 Warner Avenue, the store will provide customers with all of their favorite breads, donuts, cakes, and other baked goods. To celebrate the grand opening of the establishment, every item there will be sold for at least fifty percent off the entire weekend.

PREPARATION TIME	RESPONSE TIME
00:00:45	00:00:45

May I have your attention, please? Pelican Supermarket is closing for the day in fifteen minutes. We kindly request that you begin heading to the cash registers at the front if you intend to make a purchase. But before leaving, be sure to visit aisle one, where you can find all kinds of perishable items available for fifty percent off.

PREPARATION TIME	RESPONSE TIME
00:00:45	00:00:45

Actual Test 04

Questions 3-4: Describe a picture

Directions: In this part of the test, you will describe the picture on your screen in as much detail as you can. You will have 45 seconds to prepare your response. Then you will have 30 seconds to speak about the picture.

PREPARATION TIME	RESPONSE TIME
00:00:45	00:00:30

PREPARATION TIME	RESPONSE TIME
00 : 00 : 45	00 : 00 : 30

Actual Test 04

Questions 5-7: Respond to questions

Directions: In this part of the test, you will answer three questions. You will have three seconds to prepare after you hear each question. You will have 15 seconds to respond to Questions 5 and 6 and 30 seconds to respond to Question 7.

Imagine that a new work colleague has recently moved to your area and would like some information about things to do. You are having a telephone conversation about your town.

Imagine that a new work colleague has recently moved to your area and would like some information about things to do. You are having a telephone conversation about your town.

Where do people like to go to relax on weekends?

PREPARATION TIME	RESPONSE TIME
00:00:03	00:00:15

Imagine that a new work colleague has recently moved to your area and would like some information about things to do. You are having a telephone conversation about your town.

What activities do people usually do there?

PREPARATION TIME	RESPONSE TIME
00:00:03	00:00:15

Imagine that a new work colleague has recently moved to your area and would like some information about things to do. You are having a telephone conversation about your town.

That sounds great. What's the best way for me to go there?

PREPARATION TIME	RESPONSE TIME
00:00:03	00:00:30

Questions 8-10: Respond to questions using information provided

Directions: In this part of the test, you will answer three questions based on the information provided. You will have 45 seconds to read the information before the questions begin. You will have three seconds to prepare and 15 seconds to respond to Questions 8 and 9. You will hear Question 10 two times. You will have three seconds to prepare and 30 seconds to respond to Question 10.

Delta **Manufacturing**

Monthly Managers' Meeting
July 3

Time	Topic	Speaker
1:00 – 1:20 P.M.	Second Quarter Sales Report	Sophia
1:20 – 2:00 P.M.	Upcoming Work Deadlines * HTT, Inc. (San Antonio) * Bradley Tech (Miami)	Jamal
2:00 – 2:20 P.M.	Assembly Line Update * Problems: Breakdowns & Poor Maintenance * Possible Solutions	Lawrence
2:20 – 3:00 P.M.	Expanding the Workforce	Deb

PREPARATION TIME
00:00:45

PREPARATION TIME	RESPONSE TIME
00:00:03	00:00:15

Delta **Manufacturing**

Monthly Managers' Meeting
July 3

	Time	Topic	Speaker
	1:00 – 1:20 P.M.	Second Quarter Sales Report	Sophia
	1:20 – 2:00 P.M.	Upcoming Work Deadlines * HTT, Inc. (San Antonio) * Bradley Tech (Miami)	Jamal
	2:00 – 2:20 P.M.	Assembly Line Update * Problems: Breakdowns & Poor Maintenance * Possible Solutions	Lawrence
	2:20 – 3:00 P.M.	Expanding the Workforce	Deb

PREPARATION TIME	RESPONSE TIME
00:00:03	00:00:15

Delta Manufacturing

Monthly Managers' Meeting
July 3

Time	Topic	Speaker
1:00 – 1:20 P.M.	Second Quarter Sales Report	Sophia
1:20 – 2:00 P.M.	Upcoming Work Deadlines * HTT, Inc. (San Antonio) * Bradley Tech (Miami)	Jamal
2:00 – 2:20 P.M.	Assembly Line Update * Problems: Breakdowns & Poor Maintenance * Possible Solutions	Lawrence
2:20 – 3:00 P.M.	Expanding the Workforce	Deb

PREPARATION TIME	RESPONSE TIME
00 : 00 : 03	00 : 00 : 30

Question 11: Express an opinion

Directions: In this part of the test, you will give your opinion about a specific topic. Be sure to say as much as you can in the time allowed. You will have 45 seconds to prepare. Then you will have 60 seconds to speak.

Some people want to own their home. Others want to rent a home. Which do you prefer? Why? Use specific reasons and examples to support your answer.

PREPARATION TIME	RESPONSE TIME
00:00:45	00:01:00

Actual Test **04**

트와스페키 연재기

1권 Ⅵ 조아라연재중 10화 부메리그사미우

ACTUAL
TEST

05

Speaking Test Directions

This is the TOEIC Speaking Test. This test includes eleven questions that measure different aspects of your speaking ability. The test lasts approximately 20 minutes.

Question	Task	Evaluation Criteria
1-2	Read a text aloud	· pronunciation · intonation and stress
3-4	Describe a picture	all of the above, plus · grammar · vocabulary · cohesion
5-7	Respond to questions	all of the above, plus · relevance of content · completeness of content
8-10	Respond to questions using information provided	all of the above
11	Express an opinion	all of the above

For each type of question, you will be given specific directions, including the time allowed for preparation and speaking.

It is to your advantage to say as much as you can in the time allowed. It is also important that you speak clearly and that you answer each question according to the directions.

Click on **Continue** to go on.

Questions 1-2: Read a text aloud

Directions: In this part of the test, you will read aloud the text on the screen. You will have 45 seconds to prepare. Then you will have 45 seconds to read the text aloud.

Each year, we at Framingham Manufacturing present an award to the employee who contributed the most. This year's winner works in the Sales Department and just established a record for signing new clients. She recorded sales of more than ten million dollars, too. I'm pleased to inform you that Sara Miller is this year's employee of the year.

PREPARATION TIME	RESPONSE TIME
00:00:45	00:00:45

It's time now for the WTRP Radio morning traffic report with Mark Thurman. If you're driving to work, it's your lucky day because traffic is moving briskly almost everywhere downtown. Now that the subway line has opened, there are fewer vehicles on the road during rush hour, so commuters should be able to reach their destinations faster than usual.

PREPARATION TIME	RESPONSE TIME
00:00:45	00:00:45

Actual Test 05

Questions 3-4: Describe a picture

Directions: In this part of the test, you will describe the picture on your screen in as much detail as you can. You will have 45 seconds to prepare your response. Then you will have 30 seconds to speak about the picture.

PREPARATION TIME	RESPONSE TIME
00:00:45	00:00:30

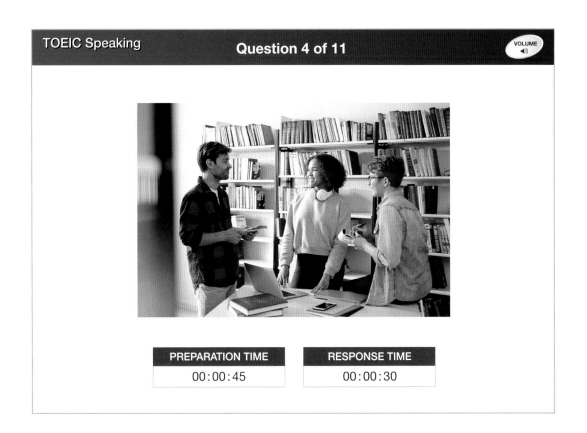

PREPARATION TIME	RESPONSE TIME
00:00:45	00:00:30

Questions 5-7: Respond to questions

Directions: In this part of the test, you will answer three questions. You will have three seconds to prepare after you hear each question. You will have 15 seconds to respond to Questions 5 and 6 and 30 seconds to respond to Question 7.

Imagine that an American marketing firm is doing research in your country. You have agreed to participate in a telephone interview about traveling.

Imagine that an American marketing firm is doing research in your country. You have agreed to participate in a telephone interview about traveling.

Where in your country would you like to go on your next vacation?

PREPARATION TIME	RESPONSE TIME
00:00:03	00:00:15

Imagine that an American marketing firm is doing research in your country. You have agreed to participate in a telephone interview about traveling.

What activities would you like to do at that place?

PREPARATION TIME	RESPONSE TIME
00:00:03	00:00:15

Actual Test 05

Imagine that an American marketing firm is doing research in your country. You have agreed to participate in a telephone interview about traveling.

Who would you prefer to go there with?

- your family
- your friends
- yourself

PREPARATION TIME	RESPONSE TIME
00:00:03	00:00:30

Questions 8-10: Respond to questions using information provided

Directions: In this part of the test, you will answer three questions based on the information provided. You will have 45 seconds to read the information before the questions begin. You will have three seconds to prepare and 15 seconds to respond to Questions 8 and 9. You will hear Question 10 two times. You will have three seconds to prepare and 30 seconds to respond to Question 10.

Jackson Spring Music Festival

Mulberry Park
May 4-6

*May 4 Performance Schedule

Time	Location	Performer	Genre
10:00 A.M. – 11:30 A.M.	Outdoor Concert Grounds	Kevin Westboro	Country
11:00 A.M. – 1:00 P.M.	Main Amphitheater	The Jackson City Orchestra	Classical
12:00 P.M. – 3:00 P.M.	Outdoor Concert Grounds	Stark	Hip-Hop
1:30 P.M. – 4:00 P.M.	Main Amphitheater	Lisa Payne	New Wave
3:30 P.M. – 5:30 P.M.	Outdoor Concert Grounds	Sienna and the Tenth Street Band	Rock
4:30 P.M. – 6:30 P.M.	Main Amphitheater	The Poodles	Jazz
7:00 P.M. – 8:30 P.M.	Outdoor Concert Grounds	Kevin Tucker	Rock

PREPARATION TIME
00:00:45

PREPARATION TIME	RESPONSE TIME
00:00:03	00:00:15

Jackson Spring Music Festival

Mulberry Park
May 4-6

*May 4 Performance Schedule

Time	Location	Performer	Genre
10:00 A.M. – 11:30 A.M.	Outdoor Concert Grounds	Kevin Westboro	Country
11:00 A.M. – 1:00 P.M.	Main Amphitheater	The Jackson City Orchestra	Classical
12:00 P.M. – 3:00 P.M.	Outdoor Concert Grounds	Stark	Hip-Hop
1:30 P.M. – 4:00 P.M.	Main Amphitheater	Lisa Payne	New Wave
3:30 P.M. – 5:30 P.M.	Outdoor Concert Grounds	Sienna and the Tenth Street Band	Rock
4:30 P.M. – 6:30 P.M.	Main Amphitheater	The Poodles	Jazz
7:00 P.M. – 8:30 P.M.	Outdoor Concert Grounds	Kevin Tucker	Rock

PREPARATION TIME	RESPONSE TIME
00:00:03	00:00:15

Actual Test 05

Jackson Spring Music Festival

Mulberry Park
May 4-6

*May 4 Performance Schedule

Time	Location	Performer	Genre
10:00 A.M. – 11:30 A.M.	Outdoor Concert Grounds	Kevin Westboro	Country
11:00 A.M. – 1:00 P.M.	Main Amphitheater	The Jackson City Orchestra	Classical
12:00 P.M. – 3:00 P.M.	Outdoor Concert Grounds	Stark	Hip-Hop
1:30 P.M. – 4:00 P.M.	Main Amphitheater	Lisa Payne	New Wave
3:30 P.M. – 5:30 P.M.	Outdoor Concert Grounds	Sienna and the Tenth Street Band	Rock
4:30 P.M. – 6:30 P.M.	Main Amphitheater	The Poodles	Jazz
7:00 P.M. – 8:30 P.M.	Outdoor Concert Grounds	Kevin Tucker	Rock

PREPARATION TIME	RESPONSE TIME
00:00:03	00:00:30

Question 11: Express an opinion

Directions: In this part of the test, you will give your opinion about a specific topic. Be sure to say as much as you can in the time allowed. You will have 45 seconds to prepare. Then you will have 60 seconds to speak.

Do you agree or disagree with the following statement?

Thanks to technology, people have more free time now than they did in the past.

Give specific reasons or examples to support your opinion.

PREPARATION TIME	RESPONSE TIME
00:00:45	00:01:00

Actual Test **05**

ACTUAL
TEST

06

Speaking Test Directions

This is the TOEIC Speaking Test. This test includes eleven questions that measure different aspects of your speaking ability. The test lasts approximately 20 minutes.

Question	Task	Evaluation Criteria
1-2	Read a text aloud	· pronunciation · intonation and stress
3-4	Describe a picture	all of the above, plus · grammar · vocabulary · cohesion
5-7	Respond to questions	all of the above, plus · relevance of content · completeness of content
8-10	Respond to questions using information provided	all of the above
11	Express an opinion	all of the above

For each type of question, you will be given specific directions, including the time allowed for preparation and speaking.

It is to your advantage to say as much as you can in the time allowed. It is also important that you speak clearly and that you answer each question according to the directions.

Click on **Continue** to go on.

76

Questions 1-2: Read a text aloud

Directions: In this part of the test, you will read aloud the text on the screen. You will have 45 seconds to prepare. Then you will have 45 seconds to read the text aloud.

Thank you for attending the ninth annual conference of the International Society of Engineers. During the next three days, there will be numerous seminars, presentations, workshops, and other events for participants. Before I introduce the keynote speaker, let me inform you that events scheduled for Room 304 will instead be held in the small auditorium on the second floor.

PREPARATION TIME	RESPONSE TIME
00:00:45	00:00:45

Actual Test 06

It's my pleasure to inform you that we at Vincent Manufacturing recorded record profits last year. As such, the board of directors has authorized a bonus payment for every full-time employee at the company. The paychecks you receive this Friday will contain an extra amount of money which will be determined by the number of years of service you have here.

PREPARATION TIME	RESPONSE TIME
00:00:45	00:00:45

Questions 3-4: Describe a picture

Directions: In this part of the test, you will describe the picture on your screen in as much detail as you can. You will have 45 seconds to prepare your response. Then you will have 30 seconds to speak about the picture.

PREPARATION TIME	RESPONSE TIME
00:00:45	00:00:30

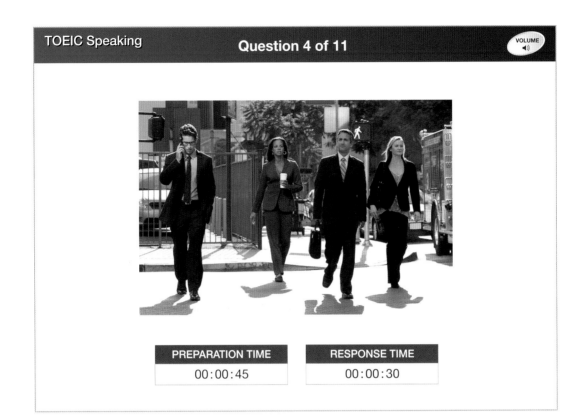

PREPARATION TIME	RESPONSE TIME
00:00:45	00:00:30

Questions 5-7: Respond to questions

Directions: In this part of the test, you will answer three questions. You will have three seconds to prepare after you hear each question. You will have 15 seconds to respond to Questions 5 and 6 and 30 seconds to respond to Question 7.

Imagine that a friend is talking to you about leisure activities. You are having a telephone conversation about movies.

TOEIC Speaking VOLUME

Question 5 of 11

Imagine that a friend is talking to you about leisure activities. You are having a telephone conversation about movies.

What kinds of movies do you usually watch?

PREPARATION TIME	RESPONSE TIME
00:00:03	00:00:15

TOEIC Speaking VOLUME

Question 6 of 11

Imagine that a friend is talking to you about leisure activities. You are having a telephone conversation about movies.

How often do you go to the movie theater?

PREPARATION TIME	RESPONSE TIME
00:00:03	00:00:15

Actual Test 06

TOEIC Speaking VOLUME

Question 7 of 11

Imagine that a friend is talking to you about leisure activities. You are having a telephone conversation about movies.

What is the experience like when you watch a movie at the theater?

PREPARATION TIME	RESPONSE TIME
00:00:03	00:00:30

Questions 8-10: Respond to questions using information provided

Directions: In this part of the test, you will answer three questions based on the information provided. You will have 45 seconds to read the information before the questions begin. You will have three seconds to prepare and 15 seconds to respond to Questions 8 and 9. You will hear Question 10 two times. You will have three seconds to prepare and 30 seconds to respond to Question 10.

Steve Jordan, Senior Manager
Schedule for Tuesday, January 19

9:00 A.M. – 10:00 A.M.	Interview candidates for assistant manager position Meeting room 2
10:00 A.M. – 10:30 A.M.	International phone call with Hans Dietrich (Glomar Tech)
10:30 A.M. – 11:30 A.M.	Product Demonstration by Jane Wilson (Blair, Inc.) → postponed until February 8
11:30 A.M. – 12:00 P.M.	Annual performance review Room 298
12:00 P.M. – 1:30 P.M.	Lunch with Stephanie Lawrence (T.K. Metals) Hobson House
1:30 P.M. – 3:00 P.M.	Meeting with Jim Watts (R&D Department) Basement laboratory
3:00 P.M. – 4:00 P.M.	Conference call → postponed until January 21
4:00 P.M. – 6:00 P.M.	Interview candidates for assistant manager position Meeting room 3

PREPARATION TIME
00 : 00 : 45

PREPARATION TIME	RESPONSE TIME
00 : 00 : 03	00 : 00 : 15

Steve Jordan, Senior Manager
Schedule for Tuesday, January 19

9:00 A.M. – 10:00 A.M.	Interview candidates for assistant manager position Meeting room 2
10:00 A.M. – 10:30 A.M.	International phone call with Hans Dietrich (Glomar Tech)
10:30 A.M. – 11:30 A.M.	Product Demonstration by Jane Wilson (Blair, Inc.) → postponed until February 8
11:30 A.M. – 12:00 P.M.	Annual performance review Room 298
12:00 P.M. – 1:30 P.M.	Lunch with Stephanie Lawrence (T.K. Metals) Hobson House
1:30 P.M. – 3:00 P.M.	Meeting with Jim Watts (R&D Department) Basement laboratory
3:00 P.M. – 4:00 P.M.	Conference call → postponed until January 21
4:00 P.M. – 6:00 P.M.	Interview candidates for assistant manager position Meeting room 3

PREPARATION TIME	RESPONSE TIME
00:00:03	00:00:15

Actual Test 06

Steve Jordan, Senior Manager
Schedule for Tuesday, January 19

9:00 A.M. – 10:00 A.M.	Interview candidates for assistant manager position Meeting room 2
10:00 A.M. – 10:30 A.M.	International phone call with Hans Dietrich (Glomar Tech)
10:30 A.M. – 11:30 A.M.	Product Demonstration by Jane Wilson (Blair, Inc.) → postponed until February 8
11:30 A.M. – 12:00 P.M.	Annual performance review Room 298
12:00 P.M. – 1:30 P.M.	Lunch with Stephanie Lawrence (T.K. Metals) Hobson House
1:30 P.M. – 3:00 P.M.	Meeting with Jim Watts (R&D Department) Basement laboratory
3:00 P.M. – 4:00 P.M.	Conference call → postponed until January 21
4:00 P.M. – 6:00 P.M.	Interview candidates for assistant manager position Meeting room 3

PREPARATION TIME	RESPONSE TIME
00:00:03	00:00:30

Question 11: Express an opinion

Directions: In this part of the test, you will give your opinion about a specific topic. Be sure to say as much as you can in the time allowed. You will have 45 seconds to prepare. Then you will have 60 seconds to speak.

Do you agree or disagree with the following statement?

People should not be allowed to use their mobile phones on public transportation.

Give reasons and examples to support your answer.

PREPARATION TIME	RESPONSE TIME
00:00:45	00:01:00

ACTUAL
TEST

07

Speaking Test Directions

This is the TOEIC Speaking Test. This test includes eleven questions that measure different aspects of your speaking ability. The test lasts approximately 20 minutes.

Question	Task	Evaluation Criteria
1-2	Read a text aloud	· pronunciation · intonation and stress
3-4	Describe a picture	all of the above, plus · grammar · vocabulary · cohesion
5-7	Respond to questions	all of the above, plus · relevance of content · completeness of content
8-10	Respond to questions using information provided	all of the above
11	Express an opinion	all of the above

For each type of question, you will be given specific directions, including the time allowed for preparation and speaking.

It is to your advantage to say as much as you can in the time allowed. It is also important that you speak clearly and that you answer each question according to the directions.

Click on **Continue** to go on.

Questions 1-2: Read a text aloud

Directions: In this part of the test, you will read aloud the text on the screen. You will have 45 seconds to prepare. Then you will have 45 seconds to read the text aloud.

Before we move on to sports news, it's time for a recap of the day's weather. In the morning, the skies were cloudy, and there was a threat of rain. But the sun came out around noon, and the temperature began rising then. The weather remained pleasant until evening, when a short rain shower fell over most of the city.

PREPARATION TIME	RESPONSE TIME
00:00:45	00:00:45

Thank you for contacting City Card. If you are calling regarding your current account balance, please press one. If you need to report a stolen or missing card, you should press the star button. And if you would like to speak with one of our operators, please remain on the line until the next available person can take your call.

PREPARATION TIME	RESPONSE TIME
00:00:45	00:00:45

Actual Test 07

Questions 3-4: Describe a picture

Directions: In this part of the test, you will describe the picture on your screen in as much detail as you can. You will have 45 seconds to prepare your response. Then you will have 30 seconds to speak about the picture.

PREPARATION TIME	RESPONSE TIME
00:00:45	00:00:30

PREPARATION TIME	RESPONSE TIME
00:00:45	00:00:30

Questions 5-7: Respond to questions

Directions: In this part of the test, you will answer three questions. You will have three seconds to prepare after you hear each question. You will have 15 seconds to respond to Questions 5 and 6 and 30 seconds to respond to Question 7.

Imagine that an American marketing firm is doing research in your country. You have agreed to participate in a telephone interview about restaurants.

Question 5 of 11

Imagine that an American marketing firm is doing research in your country. You have agreed to participate in a telephone interview about restaurants.

Where is your favorite restaurant, and what do you like to order there?

PREPARATION TIME	RESPONSE TIME
00:00:03	00:00:15

Question 6 of 11

Imagine that an American marketing firm is doing research in your country. You have agreed to participate in a telephone interview about restaurants.

What makes that restaurant so special?

PREPARATION TIME	RESPONSE TIME
00:00:03	00:00:15

Question 7 of 11

Imagine that an American marketing firm is doing research in your country. You have agreed to participate in a telephone interview about restaurants.

Is that restaurant a good place to take a friend to eat? Why or why not?

PREPARATION TIME	RESPONSE TIME
00:00:03	00:00:30

Actual Test 07

Questions 8-10: Respond to questions using information provided

Directions: In this part of the test, you will answer three questions based on the information provided. You will have 45 seconds to read the information before the questions begin. You will have three seconds to prepare and 15 seconds to respond to Questions 8 and 9. You will hear Question 10 two times. You will have three seconds to prepare and 30 seconds to respond to Question 10.

Desmond Art Institute
Introduction to Oil Painting Class Schedule

Date	Time	Topic	Notes
July 2	1:00 – 3:00 P.M.	The basics of oil painting	Purchase materials
July 5	4:00 – 6:00 P.M.	Still-lifes	
July 9	1:00 – 3:00 P.M.	Landscapes	At Salisbury Park
July 12	4:00 – 6:00 P.M.	Portraits	
July 16	1:00 – 3:00 P.M.	Impressionism	
July 19	4:00 – 6:00 P.M.	Realism	
July 23	1:00 – 3:00 P.M.	Animals	At the Richmond Zoo
July 25	4:00 – 6:00 P.M.	Advanced techniques	Awards ceremony

PREPARATION TIME
00:00:45

PREPARATION TIME	RESPONSE TIME
00:00:03	00:00:15

Desmond Art Institute
Introduction to Oil Painting Class Schedule

Date	Time	Topic	Notes
July 2	1:00 – 3:00 P.M.	The basics of oil painting	Purchase materials
July 5	4:00 – 6:00 P.M.	Still-lifes	
July 9	1:00 – 3:00 P.M.	Landscapes	At Salisbury Park
July 12	4:00 – 6:00 P.M.	Portraits	
July 16	1:00 – 3:00 P.M.	Impressionism	
July 19	4:00 – 6:00 P.M.	Realism	
July 23	1:00 – 3:00 P.M.	Animals	At the Richmond Zoo
July 25	4:00 – 6:00 P.M.	Advanced techniques	Awards ceremony

PREPARATION TIME	RESPONSE TIME
00:00:03	00:00:15

Actual Test 07

Desmond Art Institute
Introduction to Oil Painting Class Schedule

Date	Time	Topic	Notes
July 2	1:00 – 3:00 P.M.	The basics of oil painting	Purchase materials
July 5	4:00 – 6:00 P.M.	Still-lifes	
July 9	1:00 – 3:00 P.M.	Landscapes	At Salisbury Park
July 12	4:00 – 6:00 P.M.	Portraits	
July 16	1:00 – 3:00 P.M.	Impressionism	
July 19	4:00 – 6:00 P.M.	Realism	
July 23	1:00 – 3:00 P.M.	Animals	At the Richmond Zoo
July 25	4:00 – 6:00 P.M.	Advanced techniques	Awards ceremony

PREPARATION TIME	RESPONSE TIME
00:00:03	00:00:30

Question 11: Express an opinion

Directions: In this part of the test, you will give your opinion about a specific topic. Be sure to say as much as you can in the time allowed. You will have 45 seconds to prepare. Then you will have 60 seconds to speak.

Do you prefer to make purchases with cash or with credit cards? Why? Use specific reasons and examples to support your answer.

PREPARATION TIME	RESPONSE TIME
00:00:45	00:01:00

Actual Test **07**

ACTUAL TEST

08

Speaking Test Directions

This is the TOEIC Speaking Test. This test includes eleven questions that measure different aspects of your speaking ability. The test lasts approximately 20 minutes.

Question	Task	Evaluation Criteria
1-2	Read a text aloud	· pronunciation · intonation and stress
3-4	Describe a picture	all of the above, plus · grammar · vocabulary · cohesion
5-7	Respond to questions	all of the above, plus · relevance of content · completeness of content
8-10	Respond to questions using information provided	all of the above
11	Express an opinion	all of the above

For each type of question, you will be given specific directions, including the time allowed for preparation and speaking.

It is to your advantage to say as much as you can in the time allowed. It is also important that you speak clearly and that you answer each question according to the directions.

Click on **Continue** to go on.

Questions 1-2: Read a text aloud

Directions: In this part of the test, you will read aloud the text on the screen. You will have 45 seconds to prepare. Then you will have 45 seconds to read the text aloud.

You have reached the desk of Geraldine Reynolds. I apologize for not taking your call, but I'm currently out of the office and won't return until the morning of September 9. I can't listen to my voice mail because I'm not in the country, but I'll be checking my e-mail on a daily basis, so please contact me that way.

PREPARATION TIME	RESPONSE TIME
00:00:45	00:00:45

In local news, an anonymous donor gave one million dollars to the city yesterday to assist with the construction of Jefferson Park. The building of the park has been delayed due to a lack of funding, but the donation means that construction can begin once again. A city spokesperson mentioned that the park should be completed within the next four months.

PREPARATION TIME	RESPONSE TIME
00:00:45	00:00:45

Actual Test 08

Questions 3-4: Describe a picture

Directions: In this part of the test, you will describe the picture on your screen in as much detail as you can. You will have 45 seconds to prepare your response. Then you will have 30 seconds to speak about the picture.

PREPARATION TIME	RESPONSE TIME
00:00:45	00:00:30

PREPARATION TIME	RESPONSE TIME
00:00:45	00:00:30

Questions 5-7: Respond to questions

Directions: In this part of the test, you will answer three questions. You will have three seconds to prepare after you hear each question. You will have 15 seconds to respond to Questions 5 and 6 and 30 seconds to respond to Question 7.

Imagine that a colleague from overseas will be visiting your office. You are having a telephone conversation about her visit.

Imagine that a colleague from overseas will be visiting your office. You are having a telephone conversation about his visit.

Where would you recommend that I stay while I'm in the city?

PREPARATION TIME	RESPONSE TIME
00:00:03	00:00:15

Imagine that a colleague from overseas will be visiting your office. You are having a telephone conversation about his visit.

How easy is it to get from that place to your office?

PREPARATION TIME	RESPONSE TIME
00:00:03	00:00:15

Imagine that a colleague from overseas will be visiting your office. You are having a telephone conversation about his visit.

If I want to do some sightseeing, which of the following ways would you suggest I get around town?

- by public transportation
- by renting a vehicle
- by walking

PREPARATION TIME	RESPONSE TIME
00:00:03	00:00:30

Actual Test 08

Questions 8-10: Respond to questions using information provided

Directions: In this part of the test, you will answer three questions based on the information provided. You will have 45 seconds to read the information before the questions begin. You will have three seconds to prepare and 15 seconds to respond to Questions 8 and 9. You will hear Question 10 two times. You will have three seconds to prepare and 30 seconds to respond to Question 10.

Dansby Technology
New Employee Orientation

When: Monday, March 11
Where: Main Auditorium, First Floor, Kingsfield Building
What to Bring: Picture ID, Signed Work Contract

Time	Activity	Leader
9:00 A.M. – 9:15 A.M.	Welcome Speech	Peter Blair (CEO)
9:15 A.M. – 10:00 A.M.	Rules and Regulations	Susan Crow (HR)
10:00 A.M. – 12:00 P.M.	Filling Out Forms: Insurance, Benefits	Ken Lang (HR)
12:00 P.M. – 1:00 P.M.	Lunch (Cafeteria)	N/A
1:00 P.M. – 2:30 P.M.	Company Tour	Susan Crow (HR)
2:30 P.M. – 3:00 P.M.	Meeting Departmental Heads	Paul White (Vice President)

PREPARATION TIME
00:00:45

PREPARATION TIME	RESPONSE TIME
00:00:03	00:00:15

Dansby Technology
New Employee Orientation

When: Monday, March 11
Where: Main Auditorium, First Floor, Kingsfield Building
What to Bring: Picture ID, Signed Work Contract

Time	Activity	Leader
9:00 A.M. – 9:15 A.M.	Welcome Speech	Peter Blair (CEO)
9:15 A.M. – 10:00 A.M.	Rules and Regulations	Susan Crow (HR)
10:00 A.M. – 12:00 P.M.	Filling Out Forms: Insurance, Benefits	Ken Lang (HR)
12:00 P.M. – 1:00 P.M.	Lunch (Cafeteria)	N/A
1:00 P.M. – 2:30 P.M.	Company Tour	Susan Crow (HR)
2:30 P.M. – 3:00 P.M.	Meeting Departmental Heads	Paul White (Vice President)

PREPARATION TIME	RESPONSE TIME
00 : 00 : 03	00 : 00 : 15

Actual Test 08

Dansby Technology
New Employee Orientation

When: Monday, March 11
Where: Main Auditorium, First Floor, Kingsfield Building
What to Bring: Picture ID, Signed Work Contract

Time	Activity	Leader
9:00 A.M. – 9:15 A.M.	Welcome Speech	Peter Blair (CEO)
9:15 A.M. – 10:00 A.M.	Rules and Regulations	Susan Crow (HR)
10:00 A.M. – 12:00 P.M.	Filling Out Forms: Insurance, Benefits	Ken Lang (HR)
12:00 P.M. – 1:00 P.M.	Lunch (Cafeteria)	N/A
1:00 P.M. – 2:30 P.M.	Company Tour	Susan Crow (HR)
2:30 P.M. – 3:00 P.M.	Meeting Departmental Heads	Paul White (Vice President)

PREPARATION TIME	RESPONSE TIME
00:00:03	00:00:30

Question 11: Express an opinion

Directions: In this part of the test, you will give your opinion about a specific topic. Be sure to say as much as you can in the time allowed. You will have 45 seconds to prepare. Then you will have 60 seconds to speak.

Do you agree or disagree with the following statement?

It is better to work at a small business than a large one.

Give reasons and examples to support your answer.

PREPARATION TIME	RESPONSE TIME
00:00:45	00:01:00

틈의 스페킹 워킹! 10화 무의식상태로 H넣기

ACTUAL
TEST

09

Speaking Test Directions

This is the TOEIC Speaking Test. This test includes eleven questions that measure different aspects of your speaking ability. The test lasts approximately 20 minutes.

Question	Task	Evaluation Criteria
1-2	Read a text aloud	· pronunciation · intonation and stress
3-4	Describe a picture	all of the above, plus · grammar · vocabulary · cohesion
5-7	Respond to questions	all of the above, plus · relevance of content · completeness of content
8-10	Respond to questions using information provided	all of the above
11	Express an opinion	all of the above

For each type of question, you will be given specific directions, including the time allowed for preparation and speaking.

It is to your advantage to say as much as you can in the time allowed. It is also important that you speak clearly and that you answer each question according to the directions.

Click on **Continue** to go on.

Questions 1-2: Read a text aloud

Directions: In this part of the test, you will read aloud the text on the screen. You will have 45 seconds to prepare. Then you will have 45 seconds to read the text aloud.

Would you like to purchase high-quality clothes produced by famous makers at low prices? If you answered yes, then you ought to visit Percival Clothes sometime this weekend. We're holding our annual spring clearance sale, during which we offer discounts of up to sixty percent on various items. We're located at 42 Brandywine Avenue across the street from Cheetah Motors.

PREPARATION TIME	RESPONSE TIME
00:00:45	00:00:45

Desmond Clothing is once again holding its annual back-to-school sale. From now until September 10, all boys' and girls' clothes are being sold at discounts of between fifteen and seventy percent. We carry numerous name-brand clothes, and we back our products with a one-year unconditional guarantee. Be sure to visit us on the second floor of the Burlington Mall.

PREPARATION TIME	RESPONSE TIME
00:00:45	00:00:45

Actual Test 09

Questions 3-4: Describe a picture

Directions: In this part of the test, you will describe the picture on your screen in as much detail as you can. You will have 45 seconds to prepare your response. Then you will have 30 seconds to speak about the picture.

PREPARATION TIME	RESPONSE TIME
00:00:45	00:00:30

PREPARATION TIME	RESPONSE TIME
00 : 00 : 45	00 : 00 : 30

Questions 5-7: Respond to questions

Directions: In this part of the test, you will answer three questions. You will have three seconds to prepare after you hear each question. You will have 15 seconds to respond to Questions 5 and 6 and 30 seconds to respond to Question 7.

Imagine that an American marketing firm is doing research in your country. You have agreed to participate in a telephone interview about hobbies.

Imagine that an American marketing firm is doing research in your country. You have agreed to participate in a telephone interview about hobbies.

What is your favorite hobby, and how often do you do it?

PREPARATION TIME	RESPONSE TIME
00:00:03	00:00:15

Imagine that an American marketing firm is doing research in your country. You have agreed to participate in a telephone interview about hobbies.

Do you spend a lot of money doing your hobby? Why or why not?

PREPARATION TIME	RESPONSE TIME
00:00:03	00:00:15

Imagine that an American marketing firm is doing research in your country. You have agreed to participate in a telephone interview about hobbies.

What is the best way to get better at your hobby?

- by reading books
- by talking with other people
- by taking a class

PREPARATION TIME	RESPONSE TIME
00:00:03	00:00:30

Actual Test **09**

Questions 8-10: Respond to questions using information provided

Directions: In this part of the test, you will answer three questions based on the information provided. You will have 45 seconds to read the information before the questions begin. You will have three seconds to prepare and 15 seconds to respond to Questions 8 and 9. You will hear Question 10 two times. You will have three seconds to prepare and 30 seconds to respond to Question 10.

Meeting Agenda
Ravenwood Textiles
Sales Department
June 2

Expected Attendees: Gina Blaire, Stanley Bobo, Harriet Peterson, Irene Walker, Larry Day

The following is to take place at this week's Sales Department meeting.

10:00 A.M.	Call to order and welcome (G. Blaire)
10:05 A.M.	Reading of last week's minutes (I. Walker)
10:10 A.M.	Updates/Announcements (L. Day)
10:20 A.M.	New business (S. Bobo) * Ermine Department Store * Scofield Fine Clothing
10:35 A.M.	Budget report (L. Day)
10:45 A.M.	July sales report (H. Peterson)
10:55 A.M.	Closing remarks (G. Blaire)

PREPARATION TIME
00:00:45

PREPARATION TIME	RESPONSE TIME
00:00:03	00:00:15

Meeting Agenda

Ravenwood Textiles
Sales Department
June 2

Expected Attendees: Gina Blaire, Stanley Bobo, Harriet Peterson, Irene Walker, Larry Day

The following is to take place at this week's Sales Department meeting.

10:00 A.M.	Call to order and welcome (G. Blaire)
10:05 A.M.	Reading of last week's minutes (I. Walker)
10:10 A.M.	Updates/Announcements (L. Day)
10:20 A.M.	New business (S. Bobo) * Ermine Department Store * Scofield Fine Clothing
10:35 A.M.	Budget report (L. Day)
10:45 A.M.	July sales report (H. Peterson)
10:55 A.M.	Closing remarks (G. Blaire)

PREPARATION TIME	RESPONSE TIME
00:00:03	00:00:15

Actual Test 09

Meeting Agenda

Ravenwood Textiles
Sales Department
June 2

Expected Attendees: Gina Blaire, Stanley Bobo, Harriet Peterson, Irene Walker, Larry Day

The following is to take place at this week's Sales Department meeting.

10:00 A.M.	Call to order and welcome (G. Blaire)
10:05 A.M.	Reading of last week's minutes (I. Walker)
10:10 A.M.	Updates/Announcements (L. Day)
10:20 A.M.	New business (S. Bobo) * Ermine Department Store * Scofield Fine Clothing
10:35 A.M.	Budget report (L. Day)
10:45 A.M.	July sales report (H. Peterson)
10:55 A.M.	Closing remarks (G. Blaire)

PREPARATION TIME	RESPONSE TIME
00:00:03	00:00:30

Question 11: Express an opinion

Directions: In this part of the test, you will give your opinion about a specific topic. Be sure to say as much as you can in the time allowed. You will have 45 seconds to prepare. Then you will have 60 seconds to speak.

Some people believe that communication skills are the most important characteristic for a manager. Others believe leadership skills are more important. Which do you prefer? Why? Give reasons and examples to support your opinion.

PREPARATION TIME	RESPONSE TIME
00 : 00 : 45	00 : 01 : 00

Actual Test **09**

동의 스펙기 10해 포괄라S맴아돌 동의 스펙기

ACTUAL TEST

10

Speaking Test Directions

This is the TOEIC Speaking Test. This test includes eleven questions that measure different aspects of your speaking ability. The test lasts approximately 20 minutes.

Question	Task	Evaluation Criteria
1-2	Read a text aloud	· pronunciation · intonation and stress
3-4	Describe a picture	all of the above, plus · grammar · vocabulary · cohesion
5-7	Respond to questions	all of the above, plus · relevance of content · completeness of content
8-10	Respond to questions using information provided	all of the above
11	Express an opinion	all of the above

For each type of question, you will be given specific directions, including the time allowed for preparation and speaking.

It is to your advantage to say as much as you can in the time allowed. It is also important that you speak clearly and that you answer each question according to the directions.

Click on **Continue** to go on.

Questions 1-2: Read a text aloud

Directions: In this part of the test, you will read aloud the text on the screen. You will have 45 seconds to prepare. Then you will have 45 seconds to read the text aloud.

Prior to beginning today's workshop, I'd like to provide you with a broad overview of what we'll be covering in the next few hours. We'll start by describing some common cultural mistakes people make when traveling abroad. Then, we'll discuss how to avoid offending hosts in foreign countries. Finally, we'll engage in some role-playing activities to practice what we learn.

PREPARATION TIME	RESPONSE TIME
00:00:45	00:00:45

Mary Stewart has joined us here in the studio, and she's going to be taking questions from our listeners for the next hour. Ms. Stewart is a long-time resident of Springfield and recently came to prominence for something that happened in her science laboratory. She discovered a pharmaceutical which appears to be able to treat some forms of cancer.

PREPARATION TIME	RESPONSE TIME
00:00:45	00:00:45

Questions 3-4: Describe a picture

Directions: In this part of the test, you will describe the picture on your screen in as much detail as you can. You will have 45 seconds to prepare your response. Then you will have 30 seconds to speak about the picture.

PREPARATION TIME	RESPONSE TIME
00:00:45	00:00:30

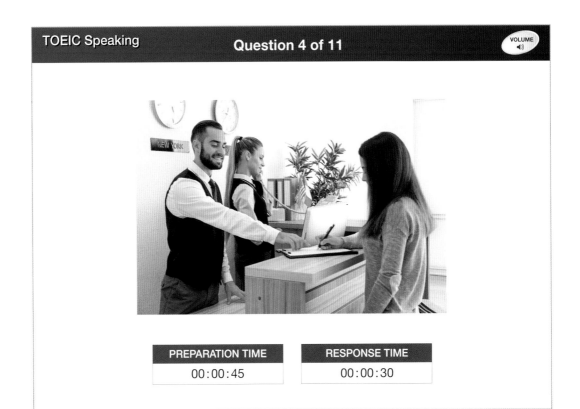

PREPARATION TIME	RESPONSE TIME
00:00:45	00:00:30

Questions 5-7: Respond to questions

Directions: In this part of the test, you will answer three questions. You will have three seconds to prepare after you hear each question. You will have 15 seconds to respond to Questions 5 and 6 and 30 seconds to respond to Question 7.

Imagine that someone is writing a story about the stores in your city. You have agreed to participate in a telephone interview about shopping.

Imagine that someone is writing a story about the stores in your city. You have agreed to participate in a telephone interview about shopping.

> What was the last thing you bought at a store, and why did you buy it?

PREPARATION TIME	RESPONSE TIME
00:00:03	00:00:15

Imagine that someone is writing a story about the stores in your city. You have agreed to participate in a telephone interview about shopping.

> How did you pay for your purchase?

PREPARATION TIME	RESPONSE TIME
00:00:03	00:00:15

Imagine that someone is writing a story about the stores in your city. You have agreed to participate in a telephone interview about shopping.

> What was the shopping experience like at the store you bought that item from?

PREPARATION TIME	RESPONSE TIME
00:00:03	00:00:30

Actual Test 10

Questions 8-10: Respond to questions using information provided

Directions: In this part of the test, you will answer three questions based on the information provided. You will have 45 seconds to read the information before the questions begin. You will have three seconds to prepare and 15 seconds to respond to Questions 8 and 9. You will hear Question 10 two times. You will have three seconds to prepare and 30 seconds to respond to Question 10.

Springfield Community Center
Large Meeting Room Reservations: October

Date	Time	Event	Comments
Thursday, October 3	5-7 P.M.	Book of the Month Club	30 chairs needed arranged in a circle
Monday, October 7	7-8 P.M.	Better Business Bureau Meeting	
Friday, October 11	12-3 P.M.	Bake Sale	10 tables needed
Tuesday, October 15	8-10 P.M.	Movie Screening	Projector and screen needed
Wednesday, October 23	6-7 P.M.	French Language Lesson	15 chairs needed
Thursday, October 24	4-5 P.M.	Photography Club Meeting	
Monday, October 28	7-8 P.M.	Campaign Speech by Sarah Truman	
Wednesday, October 30	6-7 P.M.	French Language Lesson	15 chairs needed

PREPARATION TIME
00:00:45

PREPARATION TIME	RESPONSE TIME
00:00:03	00:00:15

Springfield Community Center
Large Meeting Room Reservations: October

Date	Time	Event	Comments
Thursday, October 3	5-7 P.M.	Book of the Month Club	30 chairs needed arranged in a circle
Monday, October 7	7-8 P.M.	Better Business Bureau Meeting	
Friday, October 11	12-3 P.M.	Bake Sale	10 tables needed
Tuesday, October 15	8-10 P.M.	Movie Screening	Projector and screen needed
Wednesday, October 23	6-7 P.M.	French Language Lesson	15 chairs needed
Thursday, October 24	4-5 P.M.	Photography Club Meeting	
Monday, October 28	7-8 P.M.	Campaign Speech by Sarah Truman	
Wednesday, October 30	6-7 P.M.	French Language Lesson	15 chairs needed

PREPARATION TIME	RESPONSE TIME
00:00:03	00:00:15

Springfield Community Center
Large Meeting Room Reservations: October

Date	Time	Event	Comments
Thursday, October 3	5-7 P.M.	Book of the Month Club	30 chairs needed arranged in a circle
Monday, October 7	7-8 P.M.	Better Business Bureau Meeting	
Friday, October 11	12-3 P.M.	Bake Sale	10 tables needed
Tuesday, October 15	8-10 P.M.	Movie Screening	Projector and screen needed
Wednesday, October 23	6-7 P.M.	French Language Lesson	15 chairs needed
Thursday, October 24	4-5 P.M.	Photography Club Meeting	
Monday, October 28	7-8 P.M.	Campaign Speech by Sarah Truman	
Wednesday, October 30	6-7 P.M.	French Language Lesson	15 chairs needed

PREPARATION TIME	RESPONSE TIME
00:00:03	00:00:30

Question 11: Express an opinion

Directions: In this part of the test, you will give your opinion about a specific topic. Be sure to say as much as you can in the time allowed. You will have 45 seconds to prepare. Then you will have 60 seconds to speak.

What are some disadvantages of making purchases online? Give specific reasons or examples to support your opinion.

PREPARATION TIME	RESPONSE TIME
00:00:45	00:01:00

MEMO

토익 스피킹

10회

모의고사
만으로

iH 넘기

모범답변 · 해석 · 해설

다락원

토익 스피킹

10회

모의고사 만으로

IH 넘기

모범답변 · 해석 · 해설

다락원

Actual Test 01

Q1-2 | Read a text aloud

Question 1

1H 넘기 포인트
- 병원에서 들을 수 있는 자동 응답기 멘트입니다. 앞부분의 인사말 보다 중반부 이후의 안내 내용에 보다 신경을 써서 읽도록 합시다.
- 요일과 시각 등 시간과 관련된 표현을 정확하게 발음해야 합니다.

🎤 01-01

볼드: 강하게 읽기   ↗: 올려 읽기   ↘: 내려 읽기   /, //: 끊어 읽기

Thank you for **contacting** the **Anderson Health Clinic**. ↘// We **regret** that our **office is closed** for the day, / so **no one** can take your call. ↘// To make an appointment, / please **leave** your **name** and **number**, / and someone will **call you back** the following day. ↘// Our regular hours are from **nine A.M.** to **six P.M.** ↗/ from **Monday** to **Friday**. ↘

Anderson 병원에 전화해 주셔서 고맙습니다. 유감스럽게도 오늘은 저희 병원이 문을 닫는 날이어서 전화를 받을 수가 없습니다. 예약을 원하시는 경우, 성함과 전화번호를 남겨 주시면 내일 다시 전화를 드리도록 하겠습니다. 진료 시간은 월요일부터 금요일까지, 오전 9시부터 오후 6시까지입니다.

|어휘| **health clinic** 개인 병원, 진료소 **contact** 접촉하다, 연락하다 **regret** 후회하다, 유감스럽게 생각하다 **for the day** 오늘 하루 **make an appointment** 약속을 하다, 예약을 하다 **regular hours** 영업 시간 **from A to B** A에서 B까지

Question 2

1H 넘기 포인트
- 내일로 예정되어 있는 시장 선거를 다루는 뉴스입니다. 따라서 선거와 관련된 정보, 즉 후보가 누구인지, 예상 결과가 어떻게 되는지에 포인트를 맞춰 자연스럽게 읽도록 합시다.
- 고유명사, 즉 Marjorie Klein 및 David Wilcox와 같은 단어들을 강조해서 읽도록 합니다. 고유명사를 읽는 정해진 원칙은 없지만 정확하게 읽는 것이 좋습니다.

🎤 01-02

볼드: 강하게 읽기   ↗: 올려 읽기   ↘: 내려 읽기   /, //: 끊어 읽기

Today's **big story** is the **election** scheduled for tomorrow. ↘// The **two candidates** for mayor are **Marjorie Klein** and **David Wilcox**. ↘// **Ms. Klein** has been a member of the city council **for ten years** ↘/ whereas **Mr. Wilcox**, ↘/ a local businessman, ↗/ is a **newcomer** to the world of politics. ↘// According to polls, ↘/ **the race is tight**, ↘/ so nobody is sure who will win. ↘

오늘의 주요 뉴스는 내일 실시될 선거입니다. 두 명의 시장 후보는 Marjorie Klein과 David Wilcox입니다. Klein 씨는 10년 동안 시 위원회의 위원이었던 반면에 Wilcox 씨는 지역 사업가로서 새로 정계에 입문한 인물입니다. 여론 조사에 따르면 경쟁이 치열하기 때문에 아무도 누가 당선될지 확신할 수 없습니다.

|어휘| **election** 선거 **candidate** 후보(자) **mayor** 시장 **city council** 시 위원회 **whereas** 반면에 **newcomer** 신입, 신참자 **world of politics** 정계 **poll** 여론 조사

2

Q3-4 | Describe a picture

Question 3

IH 넘기 포인트 • 아래와 같은 사진을 묘사할 때에는 첫째, 전체적인 상황을 설명한 후, 둘째, 중심적인 인물 혹은 대상을 주로 묘사한 다음, 셋째, 세부적인 사항 및 사진 속 분위기를 전달하도록 합니다.

답변 전략 세우기

1 등장 인물들을 소개한다.
- 성인 남성들과 남자 아이 (several men and one boy)

2 중심적인 인물의 동작이나 특징을 설명한 후 주변 사람들의 동작이나 특징을 설명한다.
- 요리를 하면서 대화를 나누고 있는 남성 (one man is cooking some food and having a conversation)
- 컵을 들고 서 있는 남성들 (several of the other men are standing and holding cups)

3 전체적인 분위기를 묘사함으로써 답변을 정리한다.
- 야유회 (an event like a picnic)
- 즐거운 시간을 보내고 있는 사람들 (they're having a good time)

모범 답변 1 (IH) 🎙 01-03

I can see several men and one boy in this picture. One man is cooking some food and having a conversation. Several of the other men are standing and holding cups. They're all dressed in casual clothes. They're also standing below a tent. I believe that they are at some kind of an event like a picnic. I'm pretty sure that they're having a good time.

이 사진에서는 몇 명의 남성들과 한 명의 남자 아이를 볼 수 있습니다. 한 남성은 요리를 하면서 대화를 나누고 있습니다. 다른 몇몇 남성들은 컵을 들고 서 있습니다. 모두가 평상복 차림을 하고 있습니다. 그들은 또한 천막 안에 서 있습니다. 저는 그들이 야유회와 같은 행사에 참여하고 있다고 생각합니다. 그들은 분명 즐거운 시간을 보내고 있는 것 같습니다.

|어휘| **have a conversation** 대화하다 **casual clothes** 평상복, 캐주얼 복장 **picnic** 소풍, 야유회

모범 답변 2 (AL) 🎙 01-04

In this picture, I can see several men. They're outside and look like they're getting ready to have a picnic. In the middle of the picture, a man wearing a baseball cap backward is cooking some food on a grill. He's having a conversation with another man, who's holding a cup in his hand. In the background, I can see several other men and one young boy. At least three of the men are holding cups. Those men are standing underneath some kind of a tent. It looks to me like they are having a good time.

이 사진에서는 몇 명의 남성을 볼 수 있습니다. 그들은 야외에 있으며 야유회를 준비하는 것 같습니다. 사진의 중앙에는 야구 모자를 거꾸로 쓴 남자가 그릴로 음식을 요리하고 있습니다. 그는 다른 남성과 이야기를 나누고 있는데, 이 남성은 손에 컵을 들고 있습니다. 뒤쪽에는 기타 여러 명의 다른 남성들과 한 명의 어린 남자 아이가 보입니다. 이들 남성들 중 적어도 세 명은 컵을 들고 있습니다. 이 남성들은 일종의 천막 안에 서 있습니다. 그들은 즐거운 시간을 보내고 있는 것 같습니다.

|어휘| **outside** 바깥의, 야외의 **have a picnic** 야유회를 하다 **backward** 뒤로 **grill** 그릴, 석쇠

IH 넘기 포인트 • 사진과 같이 인물들을 두 그룹으로 구분할 수 있을 때에는 각각의 그룹을 나누어서 인물의 주요 행동을 묘사할 수 있습니다. 인물 묘사뿐만 아니라 장소 및 사물도 묘사하도록 합니다.

답변 전략 세우기

1 첫 번째 그룹의 인물을 묘사한다.
- 테이블에 둘러앉아 있는 세 사람 (three people sitting around a table)
- 사업 관련 논의 (having some kind of a business discussion)

2 두 번째 그룹의 인물을 묘사한다.
- 테이블에 앉아 있는 두 사람 (two people are sitting at a table)
- 서로 이야기를 나누고 있음 (talking to each other)

3 장소 및 사물을 묘사한다.
- 넓은 방 (the room itself is very large)
- 주방, 의자, 테이블 (a kitchen as well as chairs and tables)

모범 답변 1 (IH) 🎤 01-05

The picture shows five people in a large room. The first three people are sitting around a table. They're having some kind of a business discussion. The other two people are sitting at a table and are talking to each other. They are all wearing nice casual clothes. The room itself is very large. I can see a kitchen area as well as several chairs and tables. This appears to be the people's workplace.

이 사진은 넓은 방에 있는 다섯 명의 사람들을 보여주고 있습니다. 세 명의 사람들은 테이블에 둘러앉아 있습니다. 그들은 일종의 사업적인 논의를 하고 있습니다. 다른 두 명은 테이블에 앉아 서로 이야기를 나누고 있습니다. 그들은 모두 멋진 평상복을 입고 있습니다. 방 자체는 매우 넓습니다. 몇 개의 의자 및 테이블뿐만 아니라 주방도 보입니다. 이곳은 사람들의 일터인 것 같습니다.

| 어휘 | **itself** 그 자체 **as well as** ~뿐만 아니라 …도 역시 **appear** ~처럼 보이다, ~인 것 같다 **workplace** 작업장, 일터, 업무 현장

모범 답변 2 (AL) 🎤 01-06

This picture shows some people inside a building. Three individuals are in the foreground, and two are in the background. The first three people are sitting around a table. They appear to be having a business discussion because I can see some documents and a laptop on the table. The other two people are sitting at another table and are having a conversation. The room is large and is divided into different sections. There are several chairs, a small kitchen area, and some tables. I think this is some kind of an office where the people work.

이 사진은 건물 안에 있는 몇몇 사람들을 보여주고 있습니다. 세 명은 앞쪽에, 그리고 두 명은 뒤쪽에 있습니다. 세 사람은 테이블에 둘러앉아 있습니다. 테이블 위에서 서류들과 노트북을 볼 수 있기 때문에 그들은 사업적인 논의를 하고 있는 것으로 보입니다. 다른 두 사람은 또다른 테이블에 앉아 대화를 나누고 있습니다. 공간은 넓고 두 구역으로 구분되어 있습니다. 몇 개의 의자, 작은 주방, 그리고 몇 개의 테이블이 있습니다. 이곳은 사람들이 일하는 일종의 사무실인 것 같습니다.

| 어휘 | **individual** 개인 **sit around** 둘러앉다 **business discussion** 사업 논의 **divide** 나누다 **section** 부분, 구역 **some kind of** 일종의

Q5-7 | Respond to questions

Imagine that a British marketing firm is doing research in your country. You have agreed to participate in a telephone interview about public transportation.

영국의 한 마케팅 회사가 당신 나라에서 설문 조사를 하고 있다고 가정해 봅시다. 당신은 대중 교통에 관한 전화 인터뷰에 참여하겠다고 동의했습니다.

Question 5

How often do you take public transportation, and what kind of public transportation do you usually take?

얼마나 자주 대중 교통을 이용하며, 평소 이용하는 대중 교통 수단은 무엇입니까?

IH 넘기 포인트 • 두 가지 질문을 하고 있습니다. 대중 교통 이용의 '빈도'(how often)와 '수단'(what kind)에 대해 직접적으로 답하도록 합시다.

키워드 떠올리기 five days a week, always take the bus

모범 답변 1 (IH) 🎤 01-07

I take public transportation five days a week. I always take the bus when I go between work and home.

저는 일주일에 5일은 대중 교통을 이용합니다. 출퇴근 시에는 항상 버스를 탑니다.

| 어휘 | **go between work and home** 출퇴근하다

모범 답변 2 (AL) 🎤 01-08

I take public transportation nearly every day of the week. I usually take the subway while commuting and also ride on many of the buses in my neighborhood.

주중에는 거의 매일 대중 교통을 이용합니다. 출퇴근 시에는 보통 지하철을 이용하고 가까운 곳은 여러 대의 버스를 타고 다닙니다.

| 어휘 | **nearly** 거의 **commute** 통근하다, 통학하다 **in my neighborhood** 집 근처에

Question 6

What are some advantages of taking public transportation?

대중 교통 이용의 장점은 무엇입니까?

IH 넘기 포인트 • 대중 교통의 장점을 묻고 있으므로 대중 교통의 긍정적인 측면에 대해 이야기하도록 합니다.

키워드 떠올리기 bus fares are cheap, buses have their own lanes

모범 답변 1 (IH) 🎤 01-09

One advantage is that bus fares are cheap in my country. The buses have their own lanes, too, so they don't get caught in traffic.

한 가지 장점은 저희 나라의 버스 요금이 저렴하다는 점입니다. 또한 버스 전용 노선이 있기 때문에 교통 체증을 겪지 않습니다.

| 어휘 | **fare** 요금 **lane** 길, 도로 **get caught in traffic** 차가 막히다

5

In my city, public transportation is very cheap, so I can save money. The subways and buses are clean and quiet, so I can ride on them in comfort.

제가 사는 도시에서는 대중 교통 요금이 매우 저렴하기 때문에 돈을 절약할 수 있습니다. 지하철과 버스는 청결하고 조용해서 편안하게 타고 다닐 수 있습니다.

|어휘| in comfort 편안하게

Question 7

Think about the public transportation in your city. How can it be improved? Why do you think so?

당신이 사는 도시의 대중 교통에 대해 생각해 보십시오. 어떻게 개선될 수 있겠습니까? 왜 그렇게 생각하십니까?

IH 넘기 포인트
• 개선점에 대해 묻는 경우, 불편한 점을 먼저 이야기하고 이를 극복할 수 있는 방안에 대해 이야기하면 보다 논리적인 답안이 될 수 있습니다.

키워드 떠올리기   don't go everywhere in the city, walk long distances, expand the bus routes, make more subway stations

모범 답변 1 (IH) 🎤 01-11

I really like the public transportation system in my city. However, the buses and subways don't go everywhere in the city. As a result, I sometimes have to walk long distances to get to my destinations. I want my city to expand the bus routes. It should also make more subway stations. Then, people can travel to more places.

저는 제가 사는 도시의 대중 교통 시스템이 정말로 마음에 듭니다. 하지만 버스와 지하철이 시내의 모든 곳으로 가는 것은 아닙니다. 그 결과 저는 목적지까지 가기 위해 때때로 먼 거리를 걸어 가야만 합니다. 저는 제가 사는 도시의 버스 노선이 확장되기를 바랍니다. 또한 지하철 역도 더 만들어야 합니다. 그러면 사람들이 보다 많은 곳으로 갈 수 있을 것입니다.

|어휘| destination 목적지   expand 확장하다   route 길

모범 답변 2 (AL) 🎤 01-12

Sometimes the buses in my city get very crowded, especially during the morning and evening rush hour. As a result, there aren't enough seats on the buses for all of the passengers. I occasionally have to stand up for half an hour while riding on a bus. If there were more buses, then more people would be able to get seats and could travel more comfortably.

제가 사는 도시의 버스는, 특히 오전 및 오후의 혼잡 시간대에, 사람들로 크게 붐비는 경우가 있습니다. 그 결과 버스에는 모든 승객들이 앉을 수 있는 자리가 충분하지 않습니다. 저는 버스 이용 시 때때로 30분 동안 서 있어야 합니다. 버스가 더 많아지면 보다 많은 사람들이 자리에 앉을 수 있을 것이고, 그렇게 되면 보다 편안하게 이동할 수 있을 것입니다.

|어휘| get crowded 사람들로 붐비다   passenger 승객   comfortably 편안하게

Q8-10 | Respond to questions using information provided

VANDERBILT INDUSTRIES

Annual Awards Dinner

Date	December 29
Location	The Orange Room at the Blake Hotel
Schedule	6:00 P.M. Introductory Remarks, Brian Anderson, Vice President
	6:20 P.M. Five-Course Dinner
	7:30 P.M. Guest Speaker: Cliff Frazier, Sigma Consulting Topic: Being the Best You Can Be
	8:15 P.M. Awards Presentation
	8:45 P.M. State of the Company Speech, Lois Holtzman, CEO
	9:00 P.M. Event Concludes

Vanderbilt Industries
시상식 만찬

날짜	12월 29일	
장소	Blake 호텔 Orange 룸	
일정	6:00 P.M.	인사말, 부사장 Brian Anderson
	6:20 P.M.	다섯 가지 코스 요리
	7:30 P.M.	초청 연사: Cliff Frazier, Sigma 컨설팅 주제: 최고가 되는 법
	8:15 P.M.	시상식
	8:45 P.M.	기업 현황 보고, 대표이사 Lois Holtzman
	9:00 P.M.	행사 종료

|어휘| **introductory remark** 머리말 **guest speaker** 초청 연사 **awards presentation** 시상식 **state** 상태 **conclude** 결론짓다, 끝내다

Hello. My name is Lewis Nelson. I'm supposed to attend next week's annual awards dinner, but I seem to have misplaced the program. I wonder if you can answer some of my questions.

안녕하세요. 제 이름은 Lewis Nelson입니다. 저는 다음 주 시상식 만찬 행사에 참석할 예정인데, 식순을 잃어버린 것 같습니다. 몇 가지 질문에 답변해 주실 수 있는지 궁금합니다.

| I've got a meeting with a client that evening, so I won't arrive until 7:30 P.M. What events will I miss? | 저는 그날 저녁 고객과 만나기로 되어 있어서 저녁 7시 30분 이후에야 도착할 것 같습니다. 제가 어떤 행사를 놓치게 되나요? |

IH 넘기 포인트 · '오후 7시 30분'(7:30 P.M.) 이후에 도착할 것이라고 했으므로 일정표 상 그 전에 진행될 행사를 찾도록 합니다.

관련 정보 찾기

| **Schedule** | 6:00 P.M. | Introductory Remarks, Brian Anderson, Vice President |
| | 6:20 P.M. | Five-Course Dinner |

모범 답변 1 (IH) 🎤 01-13

| You'll miss two events. The first are the introductory remarks by Brian Anderson at 6:00. The second is the five-course dinner from 6:20 to 7:30. | 두 가지 행사를 놓치시게 될 것입니다. 첫 번째는 6시의 Brian Anderson의 인사말입니다. 두 번째는 6시 20분부터 7시 30분까지의 다섯 가지 코스 요리입니다. |

모범 답변 2 (AL) 🎤 01-14

| I'm sorry to hear that. You'll miss the introductory remarks by Vice President Brian Anderson at 6:00 as well as the five-course dinner that runs from 6:20 to 7:30. | 그런 이야기를 들으니 유감이군요. 6시에 있을 Brian Anderson 부사장님의 인사말뿐만 아니라 6시 20분부터 7시 30분까지 진행될 다섯 가지의 코스 요리도 놓치시게 될 것입니다. |

| Is it true that the guest speaker is going to talk about the future of the manufacturing industry? | 초청 연사가 제조업의 미래에 대해 강연할 것이라는 점이 사실인가요? |

IH 넘기 포인트 · 초청 연사의 강연 주제에 대해 묻고 있습니다. 일정표에서 guest speaker 항목을 찾아 해당 주제가 맞는지 확인해 보도록 합니다.

관련 정보 찾기

| 7:30 P.M. | Guest Speaker: Cliff Frazier, Sigma Consulting |
| | Topic: Being the Best You Can Be |

모범 답변 1 (IH) 🎤 01-15

| No, that's not correct. The topic of the speech is being the best you can be. The name of the guest speaker is Cliff Frazier. He's from Sigma Consulting. | 아니요, 그렇지 않습니다. 강연 주제는 최고가 되는 법입니다. 초청 연사의 이름은 Cliff Frazier 입니다. Sigma 컨설팅 소속입니다. |

I'm sorry, but you've got the wrong information. The guest speaker will be Cliff Frazier from Sigma Consulting. The topic of his speech is being the best you can be.

죄송하지만 잘못된 정보인 것 같습니다. 초청 연사는 Sigma 컨설팅의 Cliff Frazier입니다. 강연 주제는 최고가 되는 법입니다.

Question 10

Could you tell me what's on the schedule after the guest speaker finishes?

초청 연사가 강연을 끝낸 후에는 어떤 일정이 잡혀 있는지 말씀해 주시겠어요?

IH 넘기 포인트

• 초청 연사의 강연은 7시 30분부터 8시 15분까지로 예정되어 있으므로 일정표에 따라 그 이후의 행사들을 언급하도록 합니다. 아울러 행사가 종료되는 시점도 밝혀 주는 것이 좋습니다.

관련 정보 찾기

8:15 P.M.	Awards Presentation
8:45 P.M.	State of the Company Speech, Lois Holtzman, CEO
9:00 P.M.	Event Concludes

After he finishes, some awards will be given out. The awards presentation is scheduled to start at 8:15. Following that, CEO Lois Holtzman will talk from 8:45 to 9:00. She will discuss the state of the company. When she finishes, the event will end.

강연이 끝나면 상이 수여될 것입니다. 시상식은 8시 15분에 시작할 것으로 예정되어 있습니다. 그 후에는 대표 이사인 Lois Holtzman이 8시 45분부터 9시까지 이야기할 것입니다. 회사의 상황에 대해 논의할 것입니다. 논의가 끝나면 행사는 종료됩니다.

| 어휘 | **give out** 나누어 주다, 배포하다   **be scheduled to** ~할 예정이다

There will be two more events. At 8:15, some awards will be presented to employees. Then, at 8:45, CEO Lois Holtzman is going to give a speech about the state of the company. According to the schedule I've got, the event is set to conclude at 9:00 P.M.

두 가지 행사가 더 있을 예정입니다. 8시 15분에는 직원들에게 상이 수여될 것입니다. 그리고 난 뒤 8시 45분에는 Lois Holtzman 대표 이사가 회사의 현황에 대해 이야기할 것입니다. 제가 가지고 있는 일정표에 따르면 이 행사는 오후 9시에 종료될 예정입니다.

| 어휘 | **give a speech** 연설하다   **according to** ~에 따르면   **be set** 정해지다

Q11 | Express an opinion

Do you prefer to work on group projects or do assignments by yourself? Give reasons and examples to support your opinion.	그룹 프로젝트 업무를 선호하십니까, 아니면 단독으로 진행하는 업무를 선호하십니까? 이유와 예시로 의견을 뒷받침하십시오.

IH 넘기 포인트
- 두 가지 선택 사항 중 선택 이유를 밝히기 쉬운 사항을 선택하도록 합니다.
- 먼저 본인의 선택을 명백히 밝힌 후 그에 대한 이유나 근거를 제시하도록 합니다.
- 본인이 선택하지 않은 사항의 단점을 지적함으로써 자신의 선택에 대한 정당성을 입증할 수도 있습니다.

답변 전략 세우기

그룹 프로젝트 (Work on Group Projects)	단독 업무 (Do Assignments by Myself)
• 모든 참여자들이 업무를 공유함 (everyone shares the work) • 과도한 업무를 할 필요가 없음 (nobody has to work too hard)	• 새로운 기술이나 능력을 배울 수 있음 (learn new skills) • 미래에 도움이 될 수 있음 (help me in the future)

모범 답변 1 (IH)

Work on Group Projects 🎙️ 01-19

I always prefer doing group projects to doing assignments by myself. When you do a group assignment, everyone shares the work. As a result, nobody has to work too hard. I did a group project last month. There was plenty of work. But four of us were in the group. So we divided the work. Then, each of us completed our part of the project. Because we shared the work, it wasn't hard. And we completed our work successfully.

저는 항상 혼자서 하는 업무보다는 그룹 프로젝트 업무를 선호합니다. 그룹 프로젝트에 참여하면 모두가 업무를 공유합니다. 따라서 과도한 업무를 할 필요가 없습니다. 저는 지난달에 그룹 프로젝트에 참여했습니다. 업무량이 많았습니다. 하지만 그룹에는 네 명이 있었습니다. 그래서 업무를 분담했습니다. 이후 각자가 프로젝트에서 자신의 맡은 부분을 완료했습니다. 업무를 공유했기 때문에 힘들지 않았습니다. 그리고 우리는 성공적으로 업무를 완수했습니다.

|어휘| **share** 공유하다 **plenty of** 많은 **divide** 나누다

Do Assignments by Myself 🎤 01-20

Given a choice, I would work by myself. When I work alone, I learn new skills. For example, I recently did a project at my workplace by myself. I learned design skills as well as some computer programs. It was hard work, but I succeeded. In the process, I developed new skills and abilities. They will help me in the future. If I had worked on a team, I wouldn't have improved myself. That's why I prefer to work alone.

선택을 해야 한다면, 저는 혼자서 일을 하겠습니다. 혼자서 일을 하면 새로운 기술을 익힐 수 있습니다. 예를 들어 저는 최근에 직장에서 단독으로 프로젝트를 수행했습니다. 컴퓨터 프로그램도 배우고 디자인 기술도 익혔습니다. 힘든 업무였지만 저는 성공했습니다. 그러한 과정에서 저는 새로운 기술과 능력을 익혔습니다. 이는 미래에 제게 도움이 될 것입니다. 팀으로 일을 했다면 저는 성장하지 못했을 것입니다. 이것이 바로 제가 단독 업무를 선호하는 이유입니다.

|어휘| **skill** 기술 **recently** 최근에 **ability** 능력 **in the future** 미래에, 장래에 **improve** 향상시키다, 개선시키다

모범 답변 2 (AL)

Work on Group Projects 🎤 01-21

I'm the type of person who really prefers to work on group projects instead of doing assignments by myself. For one thing, group projects bring together people with various skills. As an example, one person may have good leadership skills while another might be great at coding or design. The members can combine the skills they have to be successful on their project. Recently, I did a group project at my workplace. One person never could have done the work alone, but all five of us combined to successfully accomplish our goal.

저는 혼자서 일을 하기 보다 그룹 프로젝트에 참여하는 것을 훨씬 선호하는 편입니다. 우선 그룹 프로젝트는 다양한 능력을 가진 사람들을 모이게 합니다. 한 예로, 어떤 사람은 훌륭한 리더쉽을 가지고 있는 반면, 다른 사람은 코딩이나 디자인 능력이 뛰어날 수도 있습니다. 구성원들은 프로젝트를 성공시키기 위해 자신들이 가지고 있는 능력을 결합시킬 수 있습니다. 최근에 저는 직장에서 그룹 프로젝트에 참여했습니다. 한 사람이 혼자서는 결코 해낼 수 없는 일이었지만, 우리 다섯 명은 힘을 합쳐 성공적으로 목표를 달성했습니다.

|어휘| **instead of** ~ 대신에 **bring together** ~을 합치다 **leadership** 리더쉽 **coding** 코딩 **combine** 결합하다
accomplish 달성하다, 이룩하다 **goal** 목적, 목표

Do Assignments by Myself 🎤 01-22

If I had to choose, I would prefer to work by myself than to work on a group project. When I have an assignment, I like to control every aspect of it. Too many times, I have done group work where some of the members failed to do the work properly. Other times, they were lazy, so the other members had to work harder because of them. When I work by myself, I know exactly how hard I should work. And when I finish, the success or failure of the assignment depends on me. For those reasons, I prefer to do assignments alone.

선택을 해야 한다면 저는 그룹 프로젝트에 참여하기보다 혼자서 업무를 진행하고 싶습니다. 저는 업무가 주어지면 업무의 모든 사항을 제가 관장하고 싶습니다. 저는 일부 구성원들이 일을 제대로 못했던 경우를 너무나 많이 경험해 보았습니다. 어떤 때에는 구성원들이 나태해서 이들로 인해 다른 사람들이 더 힘들게 일을 해야만 했습니다. 혼자서 일을 하면 제가 어느 정도로 열심히 일해야 하는지를 정확히 알게 됩니다. 그리고 업무가 끝날 때 업무의 성공과 실패 여부는 제게 달려 있습니다. 이러한 이유 때문에 저는 혼자서 업무를 진행하는 것을 선호합니다.

|어휘| **control** 통제하다, 제어하다 **aspect** 측면 **fail to** ~하는 데 실패하다 **properly** 적절히 **depend on** ~에 달려 있다, ~에 좌우되다

Actual Test 02

Q1-2 | Read a text aloud

Question 1

IH 넘기 포인트
- 신입 사원을 대상으로 한 오리엔테이션의 인사말입니다. 친근한 어조로 환영 인사와 함께 예정된 일정을 차근차근 설명하도록 합니다.
- and 등의 접속사로 이어져 있는 문장은 접속사 앞에 약간의 포즈를 주면서 자연스럽게 끊어 읽도록 합시다.

🎙 02-01

볼드: 강하게 읽기 ↗ : 올려 읽기 ↘ : 내려 읽기 /, // : 끊어 읽기

Greetings, everyone, ↗/ and welcome to your **first day of work** here at **Dagwood Electronics**. ↘// My name is **Stephanie**, / and **I'll be leading** today's orientation session, / which will last for three hours. ↘// I'll describe your **work duties** and **responsibilities** in a moment. ↘// But right now, ↘/ **how about** taking turns **introducing** yourselves in order to learn a bit about your **new colleagues**? ↗

모두들 안녕하세요, 이곳 Dagwood 전자에서 첫 근무를 하시게 된 점을 축하드립니다. 제 이름은 Stephanie로 오늘 오리엔테이션을 주관할 예정인데, 오리엔테이션은 세 시간 정도 진행될 것입니다. 잠시 후 제가 여러분들의 업무 및 책무에 대해 설명을 드리도록 하겠습니다. 하지만 지금은 새로운 동료에 대해 알아보기 위해 번갈아 가면서 자기 자신을 소개해 보는 것이 어떨까요?

| 어휘 | orientation session 오리엔테이션 describe 묘사하다, 설명하다 work duty 업무 responsibility 책임 in a moment 곧, 바로 take turns -ing 교대로 ~하다 in order to ~하기 위하여 colleague 동료

Question 2

IH 넘기 포인트
- 신제품 출시와 관련된 광고입니다. 제품명, 제품의 특징, 출시 시기와 관련된 정보들을 정확하게 전달하는 것이 중요합니다.
- 첫 번째 문장에서 announce 다음에는 접속사 that이 생략되어 있습니다. announce 다음에 끊어 읽기를 하면 문장의 의미가 보다 명료해집니다.

🎙 02-02

볼드: 강하게 읽기 ↗ : 올려 읽기 ↘ : 내려 읽기 /, // : 끊어 읽기

Marcel Beauty Supplies is pleased to **announce** / it's **releasing a new line of cosmetics** this month. ↘// Called **Precious**, ↘/ these cosmetics are designed to **be long lasting** ↗/ and **won't cause any harm** to your skin. ↘// **Precious cosmetics** will be available both at **department stores** around the country / and at **various online shops**. ↘// They will be available for **purchase** on November 15. ↘

Marcel 화장품에서 이번 달에 새로운 라인의 화장품을 출시할 것이라는 점을 알리게 되어 기쁘게 생각합니다. Precious라고 불리는 이 화장품은 오랫동안 향이 지속될 수 있도록 개발되었으며 피부에 어떠한 문제도 일으키지 않을 것입니다. Precious 제품은 전국의 백화점 및 여러 온라인 상점에서 구입하실 수 있습니다. 구입은 11월 15일부터 가능합니다.

| 어휘 | release 놓아 주다, 풀어 주다; 출시하다 cosmetics 화장품 design 설계하다, 디자인하다 harm 피해 available 이용 가능한 both A and B A와 B 모두 various 다양한

Q3-4 | Describe a picture

Question 3

IH 넘기 포인트 • 사진 속에 다수의 사람이 등장할 때에는 사람들의 공통점과 차이점을 구분해서 언급해 주는 것이 좋습니다. 또한 공통 적인 행동을 하고 있는 사람들을 묶어서 묘사하는 것도 효과적인 설명이 될 수 있습니다.

답변 전략 세우기

1 **사진 속 사람들의 공통점을 묘사한다.**
   • 계단을 오르내리고 있는 사람들 (they're either walking up or down the stairs)
   • 모두가 업무용 복장을 입고 있음 (they all appear to be wearing work clothes)
2 **사진 속 사람들의 차이점을 묘사한다.**
   • 가방을 들고 있는 두 남성 (two men are carrying bags)
   • 통화 중인 다른 남성 (another one is talking on a phone)
   • 휴대 전화를 보고 있는 여성 (one woman is looking at something on her phone)
3 **인물 이외의 사물이나 배경에 대해 추가적으로 설명한다.**
   • 몇 채의 건물들 (a few buildings)

모범 답변 1 (IH) 🎙 02-03

There are several people in this picture. All of them are on some stairs. They're either walking up or down the stairs. They all appear to be wearing work clothes. Two men are carrying bags while another one is talking on a phone. One woman is looking at something on her phone. In the background, there are a few buildings. This must be a scene in the downtown area of a city.

이 사진에는 몇 명의 사람들이 있습니다. 그들은 모두 계단 위에 있습니다. 계단을 올라가거나 내 려오고 있습니다. 모두가 업무용 복장을 착용하 고 있는 것으로 보입니다. 두 남성은 가방을 들 고 있고, 다른 한 남성은 전화 통화를 하고 있습 니다. 한 여성은 자신의 전화기로 무언가를 보고 있습니다. 뒤편에는 몇 채의 건물들이 있습니다. 시내 중심가의 모습이 틀림없습니다.

| 어휘 | **stair** 계단 **work clothes** 근무복, 작업복 **scene** 장면, 모습 **downtown area** 시내 중심가

모범 답변 2 (AL) 🎙 02-04

This picture appears to have been taken in a downtown area. There are several people walking up and down the steps. The man in the middle of the picture is wearing a suit and carrying a briefcase. One of the women walking down the stairs is looking at her mobile phone. All of the men and women are dressed in work clothes. In the background, I can see several tall buildings, so they must be in a large city. There is also something that looks like an arch which is rising in the back of the picture.

이 사진은 시내 중심가에서 촬영된 것으로 보입 니다. 몇몇 사람들이 계단을 오르내리고 있습니 다. 사진 중앙에 있는 남성은 정장을 입은 채 서 류 가방을 들고 있습니다. 계단을 내려가고 있는 여성 중 한 명은 휴대 전화를 보고 있습니다. 모 든 남성과 여성들이 업무용 복장을 착용하고 있 습니다. 뒤쪽에 높은 빌딩들이 보이기 때문에 이 들은 분명 대도시 안에 있을 것입니다. 또한 사 진의 뒤쪽에는 아치 형태의 구조물이 세워져 있 습니다.

| 어휘 | **step** 걸음; 계단 **suit** 정장 **briefcase** 서류 가방 **mobile phone** 휴대 전화 **arch** 아치

IH 넘기 포인트 • 두 그룹의 인물을 나누어, 각 그룹의 공통적이거나 반대되는 동작과 상태를 각각 묘사하도록 합니다. 이어서 개별적인 인물의 동작을 묘사한 다음 장소를 묘사합니다.

답변 전략 세우기

1 인물들의 공통적인 동작과 상태를 묘사한다.
 • 문서를 바라보고 있는 두 명의 여성 (two women / looking at a paper)
 • 정장을 입고 있음 (wearing formal business clothes)

2 반대되는 동작을 묘사한다.
 • 서 있는 동작 / 앉아 있는 동작 (are standing / sitting in a small room)

3 개별적인 인물의 동작을 묘사한다.
 • 컵을 들고 있는 한 여성 (one woman is holding a cup)

모범 답변 1 (IH) 🎤 02-05

There are four people in an office building. Two women are standing and looking at a paper. One woman is holding a cup. They are beside a copier and a fax machine. There are two men sitting in a small meeting room. All four people are wearing formal business clothes. The women are talking about something. The men look like they're having a meeting. There are lots of doors in the hallway. They probably lead to other small offices.

사무실 건물에 네 명의 사람들이 있습니다. 두 명의 여성은 서 있으며 문서를 바라보고 있습니다. 한 여성은 컵을 들고 있습니다. 그들은 복사기-팩스 복합기 옆에 있습니다. 소규모 회의실에는 앉아 있는 두 명의 남성이 있습니다. 네 사람 모두 격식을 갖춘 정장을 입고 있습니다. 여성들은 무엇인가에 대해 이야기하고 있습니다. 남성들은 회의를 하고 있는 것 같습니다. 복도에는 많은 문들이 있습니다. 그것들은 아마 다른 사무실로 이어진 것 같습니다.

|어휘| **beside** 옆에 **lead to** (길, 출구 등이) 나오다

모범 답변 2 (AL) 🎤 02-06

This is a picture showing four people in an office building. There are two women in the foreground. They are wearing similar-looking clothes and are standing up. Both women are looking at a document which one of them is holding. They are standing next to a copier and a fax machine. In the background, two men are seated at a table in an office. Everyone is wearing formal business attire. I can see some doors in the background. I suppose they all lead to small meeting rooms. I'd say that everybody works in that building.

이 사진은 사무실 건물 내의 네 사람을 보여주고 있습니다. 앞쪽에는 두 명의 여성이 있습니다. 그들은 비슷해 보이는 옷을 입고 있으며 서 있습니다. 두 여성 모두 한 명이 들고 있는 문서를 보고 있습니다. 그들은 복사기-팩스 복합기 옆에 서 있습니다. 뒤쪽에는 사무실에 두 명의 남성이 테이블 앞에 앉아 있습니다. 모두 격식을 갖춘 비즈니스 정장을 입고 있습니다. 뒤쪽에 몇몇 문들이 보입니다. 그것들은 모두 소규모 회의실로 연결된 것 같습니다. 모두 그 건물에서 근무하는 것 같습니다.

|어휘| **business attire** 비즈니스 정장

Q5-7 | Respond to questions

Imagine that a friend will be moving to your neighborhood. You are having a telephone conversation about where you live.

한 친구가 당신이 사는 지역으로 이사할 것이라고 가정해 봅시다. 당신은 당신이 사는 곳에 관해 전화로 이야기를 하고 있습니다.

Question 5

Where is the closest library in the neighborhood?	당신이 사는 곳에서 가장 가까운 도서관은 어디인가요?

IH 넘기 포인트 · 가장 가까운 도서관의 위치를 묻고 있으므로 도서관의 구체적인 위치나 도서관까지 가는 데 걸리는 시간 등을 언급하도록 합니다.

키워드 떠올리기 take the bus to get there, a fifteen-minute bus ride

모범 답변 1 (IH) 🎤 02-07

There isn't a library close to my home. I have to take the bus to get there. It's a fifteen-minute bus ride.

저희 집 근처에는 도서관이 없습니다. 도서관에 가려면 버스를 타야만 합니다. 버스로는 15분 걸립니다.

|어휘| **close to** ~와 가까운

모범 답변 2 (AL) 🎤 02-08

Actually, there's a library two blocks away from my home. It only takes me around five minutes to walk there when I feel like checking out some books.

실제로 집에서 두 블록 떨어진 곳에 도서관이 있습니다. 도서를 대출하고 싶은 경우, 걸어서 가면 약 5분 정도 걸립니다.

|어휘| **check out** (도서를) 대출하다

Question 6

How can I get a library card?	도서관 카드는 어떻게 발급받나요?

IH 넘기 포인트 · 의문사 how를 이용하여 카드 발급 방법에 대해 묻고 있습니다. 카드 발급 절차를 간략히 순서대로 설명하도록 합니다.

키워드 떠올리기 pay a small fee, show a form of picture ID, pretty easy

모범 답변 1 (IH) 🎤 02-09

You have to pay a small fee to get a library card. You also have to show a form of picture ID like a driver's license. It's pretty easy to get a library card.

도서관 카드를 발급받기 위해서는 소액의 비용을 지불해야 합니다. 또한 운전면허증과 같이 사진이 들어 있는 신분증을 보여 주어야 합니다. 도서관 카드를 발급받는 일은 매우 쉽습니다.

|어휘| **fee** 요금 **driver's license** 운전면허증

모범 답변 2 (AL) 🎤 02-10

Getting a library card is really simple. All you have to do is show your ID card and then fill out a form. The librarian will make a card for you on the spot in about five minutes.

도서관 카드를 발급받는 일은 정말로 간단합니다. 신분증을 보여 준 후 양식을 작성하기만 하면 됩니다. 약 5분 후에 도서관 직원이 그 자리에서 카드를 만들어 줄 것입니다.

| 어휘 | **ID card** 신분증 **fill out a form** 양식을 작성하다 **librarian** 사서, 도서관 직원 **on the spot** 그 자리에서, 즉석에서

Question 7

What kinds of facilities does the library have?

도서관에는 어떤 시설들이 있나요?

IH 넘기 포인트   • 도서관에서 볼 수 있는 시설들을 떠올려 봅니다. 일반적으로 인터넷을 사용할 수 있는 컴퓨터실, 비디오를 시청할 수 있는 시청각실 등이 구비되어 있을 것입니다. 아울러 인근 도서관에서만 이용할 수 있는 특별한 시설에 대해서도 언급하면 좋습니다.

키워드 떠올리기   a computer lab with free Wi-Fi, many classrooms where people can take various classes

모범 답변 1 (IH) 🎤 02-11

The library has many facilities aside from books to borrow. There is a computer lab with free Wi-Fi. So people frequently go there to surf the Web. The library has many classrooms where people can take various classes. On occasion, authors go there and give talks about their books. I've attended a few of those events.

그 도서관에는 대출이 가능한 책 외에도 여러 시설들이 있습니다. 무료로 와이파이를 사용할 수 있는 컴퓨터실이 있습니다. 그래서 사람들이 그곳으로 가서 웹서핑을 하는 경우가 많습니다. 도서관에는 다양한 수업을 들을 수 있는 교실도 많이 있습니다. 때때로 저자들이 이곳에 와서 자신의 책에 대한 강연을 하기도 합니다. 저도 그러한 행사에 몇 차례 참석한 적이 있습니다.

| 어휘 | **aside from** ~ 이외에도 **computer lab** 컴퓨터실 **frequently** 자주, 빈번히 **surf the Web** 웹서핑을 하다 **on occasion** 때때로

모범 답변 2 (AL) 🎤 02-12

The library in my neighborhood is large, so it has many facilities. There are plenty of books in different genres to check out. There's also an audio-visual room, so I can watch videos and DVDs there. The library has a collection of rare books, too. I've only been there once, but I got to see some books that were hundreds of years old. I was impressed by the collection.

저희 집 근처의 도서관은 규모가 커서 많은 시설들이 있습니다. 대출이 가능한 다양한 장르의 책들이 많습니다. 또한 시청각실도 있기 때문에 그곳에서 비디오와 DVD를 시청할 수 있습니다. 그 도서관에는 희귀 도서들도 있습니다. 한 번밖에 가 보지 못했지만 저는 수백 년 된 도서들을 볼 수 있었습니다. 그 도서들은 정말로 인상 깊었습니다.

| 어휘 | **plenty** 많은 **genre** 장르 **audio-visual room** 시청각실 **collection** 수집품, 소장품 **rare** 드문, 희귀한

Q8-10 | Respond to questions using information provided

Bronson Tours

Itinerary For: Ms. Sabrina Bradley
Prepared By: Paul Chamberlain

Departure from Boston	Boston Logan International Airport
	Thursday, October 28, 9:05 A.M.
	Pelican Airlines Flight 32
	Arrives in Atlanta on Thursday, October 28, 11:06 A.M.
Accommodations	Peachtree Hotel, Atlanta
	Double room
	4 nights
Departure from Atlanta	Hartsfield International Airport
	Monday, November 1, 11:30 A.M.
	Pelican Airlines Flight 18
	Arrives in Boston on Monday, November 1, 1:31 P.M.
Registration	Atlanta Trade Fair, Georgia International Convention Center
	4-day pass

Bronson 여행사

고객명: Sabrina Bradley 씨
담당자: Paul Chamberlain

보스턴 출발	Boston Logan 국제 공항
	10월 28일 목요일, 9:05 A.M.
	Pelican 항공 32편
	10월 28일 목요일 11:06 A.M. 애틀랜타 도착
숙박	애틀랜타 Peachtree 호텔
	더블룸
	4박
애틀랜타 출발	Hartsfield 국제 공항
	11월 1일 월요일, 11:30 A.M.
	Pelican 항공 18편
	11월 1일 월요일 1:31 P.M. 보스턴 도착
등록	애틀란타 무역 박람회, Georgia 국제 컨벤션 센터
	4일 이용권

|어휘| **itinerary** 여행 일정표　**prepare** 준비하다

Hello. This is Sabrina Bradley calling. I'm scheduled to go on a business trip in two days, but I haven't received my itinerary yet. I have a few questions about my trip.

안녕하세요. 저는 Sabrina Bradley입니다. 이틀 후에 출장을 가기로 예정되어 있지만, 아직 여행 일정표를 받지 못했어요. 출장에 관해 몇 가지 질문 사항이 있습니다.

When is my flight from Boston departing?	보스턴에서 비행기가 언제 출발하나요?

IH 넘기 포인트 · 보스턴에서 출발하는 비행기의 시간의 묻고 있으므로 Departure from Boston 항목에서 답을 찾도록 합니다. 부가 정보로서 비행기편명 등도 언급하면 좋습니다.

관련 정보 찾기

	Boston Logan International Airport
Departure from Boston	Thursday, October 28, 9:05 A.M.
	Pelican Airlines Flight 32
	Arrives in Atlanta on Thursday, October 28, 11:06 A.M.

모범 답변 1 (IH) 🎙 02-13

It looks like you're traveling on Pelican Airlines Flight 32. It departs at 9:05 A.M. It arrives in Atlanta at 11:06 A.M.	Pelican 항공의 32편을 이용하시게 될 것입니다. 오전 9시 5분에 출발합니다. 애틀랜타에는 오전 11시 6분에 도착합니다.

모범 답변 2 (AL) 🎙 02-14

According to the itinerary, you'll be departing from Boston Logan International Airport at 9:05 A.M. You're flying on Pelican Airlines Flight 32 on October 28.	여행 일정표에 따르면 Boston Logan 국제 공항에서 오전 9시 5분에 출발할 예정입니다. 10월 28일 Pelican 항공 32편 비행기에 탑승하시게 될 것입니다.

Question 9

I believe I'll be staying at the hotel for three nights. Is that correct?	호텔에서 3박을 하는 것으로 알고 있습니다. 맞나요?

IH 넘기 포인트 · 숙박 기간에 대해 묻고 있으므로 Accommodations 항목에서 답을 찾도록 합니다. 호텔명과 객실 유형 등도 언급해 주면 보다 상세한 답변이 됩니다.

관련 정보 찾기

	Peachtree Hotel, Atlanta
Accommodations	Double room
	4 nights

모범 답변 1 (IH) 🎙 02-15

No, that's not the correct information. You won't be staying for three nights. You've got a double room at the Peachtree Hotel for four nights.	아니요, 잘못 알고 계시는군요. 3박이 아닙니다. Peachtree 호텔의 더블룸에서 4박을 하시게 됩니다.

모범 답변 2 (AL) 🎙 02-16

I'm afraid that you're incorrect. The itinerary notes that you'll be staying at the Peachtree Hotel for four nights. Just so you know, you're booked to stay in a double room.

잘못 알고 계신 것 같습니다. 일정표에는 Peachtree 호텔에서 4박을 하시는 것으로 나타나 있습니다. 참고로 더블룸에서 묵으실 수 있도록 예약이 되어 있습니다.

|어휘| note 주목하다; 언급하다 just so you know 알다시피, 참고로 book 예약하다

Question 10

Could you give me all the details regarding my flight from Atlanta to Boston?

애틀랜타에서 보스턴까지의 비행기편과 관련된 모든 사항을 알려 주실 수 있으신가요?

IH 넘기 포인트
관련 정보 찾기

• 일정표 상 Departure from Atlanta 항목에 적혀 있는 모든 사항들을 언급하도록 합니다.

Departure from Atlanta	Hartsfield International Airport
	Monday, November 1, 11:30 A.M.
	Pelican Airlines Flight 18
	Arrives in Boston on Monday, November 1, 1:31 P.M.

모범 답변 1 (IH) 🎙 02-17

No problem. You're taking Pelican Airlines Flight 18 on Monday, November 1. The flight is scheduled to depart at 11:30. It's supposed to arrive in Boston at 1:31 in the afternoon. So it's a two-hour flight.

물론입니다. 11월 1일 월요일에 Pelican 항공 18편을 이용하시게 될 것입니다. 이 비행기편은 11시 30분에 출발할 예정입니다. 보스턴에는 오후 1시 31분에 도착하시게 됩니다. 따라서 비행 시간은 2시간입니다.

모범 답변 2 (AL) 🎙 02-18

Sure. You're scheduled to depart from Hartsfield International Airport on Monday, November 1, at 11:30 A.M. You'll be flying on Pelican Airlines Flight 18. Your flight will last for around two hours. You'll arrive in Boston at 1:31 P.M.

물론입니다. 11월 1일 월요일 오전 11시 30분에 Hartsfield 국제 공항에서 출발하시게 됩니다. Pelican 항공 18편에 탑승하시게 될 것입니다. 비행 시간은 약 2시간이 될 것입니다. 보스턴에는 오후 1시 31분에 도착하실 예정입니다.

|어휘| last 지속하다, 계속되다

Q11 | Express an opinion

Do you agree or disagree with the following statement?
The government should pay for everyone to go to college.
Give specific reasons or examples to support your opinion.

아래의 주장에 찬성하십니까, 아니면 반대하십니까?

정부는 모든 사람들이 대학에 다닐 수 있도록 지원해야 한다.

이유나 예시로 의견을 뒷받침하십시오.

IH 넘기 포인트
- 찬반 의견을 묻는 질문이 등장하면 첫 문장에서 본인의 입장을 명확히 밝히도록 합시다.
- 설득력을 높일 수 있는 방법 중 하나는 자신이 직접 겪은 일이나 주위 사람의 사례를 제시하는 것입니다.
- 근거가 여러 가지인 경우, first, second, last 등의 단어를 사용하여 근거를 구분해 주면 보다 논리적인 답안이 만들어질 수 있습니다.

답변 전략 세우기

찬성 (Agree)	반대 (Disagree)
• 많은 사람들이 대학에 다닐 자격이 있음 (many people deserve to attend college) • 하지만 돈이 없어서 다니지 못함 (they can't go because they don't have enough money)	• 정부가 교육에 관여해서는 안 됨 (I don't believe the government should be involved with education) • 작은 정부를 선호 (I would like to see a smaller government)

모범 답변 1 (IH)

Agree 🎤 02-19

I believe that the statement is correct. The government should pay for everyone to go to college. Many people deserve to attend college because they have good grades and are smart. But they can't go because they don't have enough money. My cousin is really intelligent, but she doesn't have enough money for college. If the government paid her tuition, she could attend school. However, she is looking for a job now since college costs too much.

저는 그러한 주장이 옳다고 생각합니다. 정부는 모든 사람들이 대학에 다닐 수 있도록 지원해야 합니다. 많은 사람들이, 성적이 우수하고 머리가 좋기 때문에, 대학에 다닐 자격이 있습니다. 하지만 돈이 충분치 않아서 다닐 수가 없습니다. 제 사촌은 정말로 머리가 좋지만 대학에 다닐 돈이 충분하지 않습니다. 정부가 학비를 지원한다면 그녀는 대학에 다닐 수 있을 것입니다. 하지만 학비가 너무나 많이 들기 때문에 그녀는 현재 일자리를 구하고 있습니다.

| 어휘 | **deserve to** ~할 자격이 있다   **tuition** 학비   **look for** ~을 찾다

Disagree 🎤 02-20

I don't agree with the statement at all. In fact, I think it's a horrible idea. I don't believe the government should be involved with education. The government is already too involved in people's lives nowadays. If it starts paying for everyone's college education, it will be even more involved. I would like to see a smaller government. This government would collect fewer taxes and spend less money. That won't happen if the government pays for everyone to attend college though.

저는 그러한 주장에 전혀 동의하지 않습니다. 사실 저는 그것이 매우 잘못된 발상이라고 생각합니다. 저는 정부가 교육에 관여해야 한다고 생각하지 않습니다. 오늘날 정부는 이미 사람들의 삶에 너무나 깊이 개입해 있습니다. 모든 사람들의 대학교 학비를 지원한다면 더 깊이 개입하게 될 것입니다. 저는 보다 작은 정부를 보고 싶습니다. 이러한 정부는 세금을 더 적게 걷고 돈을 더 적게 지출할 것입니다. 하지만 정부가 모든 사람들의 대학교 학비를 지원해 준다면 그런 일은 일어나지 않을 것입니다.

| 어휘 | **horrible** 끔찍한 **involve** 개입하다, 관여하다 **education** 교육 **nowadays** 요즘 **collect** 수집하다; 징수하다

모범 답변 2 (AL)

Agree 🎤 02-21

I agree with the statement because I strongly believe the government should pay for everyone to go to college. First, it would be fair because everyone would have the opportunity to attend college. I have some friends who want to attend college, but they cannot afford to. If the government paid for them, then their dream of receiving a college degree could come true. Second, if the government pays for college, then talented people will decide to attend college instead of just getting jobs. This will educate more people, so the workforce will become better overall.

저는 정부가 모든 사람이 대학에 다닐 수 있도록 지원해야 한다고 굳게 믿고 있기 때문에 그러한 주장에 동의합니다. 첫째, 모든 사람들이 대학에 다닐 수 있는 기회를 가지고 있으므로 그렇게 하는 것이 공정할 것입니다. 제 친구 중 몇몇은 대학에 다니고 싶어 하지만 그럴 수 있는 여력은 없습니다. 정부가 그들을 지원해 준다면 대학 학위를 받고자 하는 그들의 꿈은 실현될 수 있을 것입니다. 둘째, 정부가 대학교 학비를 지원한다면 재능이 있는 사람들이 일자리를 구하는 대신 대학에 다니기로 결심할 것입니다. 이로써 더 많은 사람들이 교육을 받게 될 것이며 전반적으로 노동 인구의 수준이 올라갈 것입니다.

| 어휘 | **fair** 공정한, 공평한 **opportunity** 기회 **cannot afford to** ~할 여력[여유]이 없다 **degree** 학위 **come true** 실현되다 **talented** 재능이 있는 **educate** 교육시키다 **workforce** 노동력, 노동 인구

Disagree 🎤 02-22

I strongly disagree with the statement. I don't believe the government should pay for everyone to go to college. First, the government would have to raise lots of money to pay for everyone's tuition. That means everybody's taxes would go up. Taxes are already high, and I don't want them to become any higher. Second, college isn't for everyone. There are many people who attend college but really shouldn't be there. If the government pays for everyone, then even more unqualified people will start going to school. That would be a huge waste of time and money.

저는 그러한 주장에 강력히 반대합니다. 저는 정부가 모든 사람들이 대학에 다닐 수 있도록 지원해야 한다고 생각하지 않습니다. 첫째, 정부가 모든 사람들의 학비를 지원하려면 많은 돈을 마련해야 할 것입니다. 이는 모든 사람들의 세금이 증가할 것이라는 점을 의미합니다. 세율은 이미 높기 때문에 저는 세율이 더 높아지지 않기를 바랍니다. 둘째, 대학은 모든 사람들을 위한 곳이 아닙니다. 대학에 다니지만 실제로 그곳에 있으면 안 되는 사람들도 많습니다. 정부가 모든 사람들을 지원한다면 훨씬 더 자질이 없는 사람들이 대학에 다니기 시작할 것입니다. 그러면 엄청난 시간과 돈이 낭비될 것입니다.

| 어휘 | **raise** 올리다:(돈을) 모금하다, 마련하다 **unqualified** 자격[자질]이 없는

Actual Test 03

Q1-2 | Read a text aloud

Question 1

IH 넘기 포인트
- 전형적인 뉴스의 일부분입니다. 차분한 어조와 함께 일정한 속도로 전체 뉴스를 읽도록 합시다.
- 객관적인 지표로 사용된 수치, 그리고 회사명이나 지명 등의 고유명사는 분명하면서도 힘있게 읽도록 합시다.

🎙 03-01

볼드: 강하게 읽기 ↗: 올려 읽기 ↘: 내려 읽기 /, //: 끊어 읽기

In **local news**, / **the MTM Corporation** released a
statement today ↘/ mentioning that it intends to open
a **brand-new facility** in downtown **Jacksonville** ↘/
two months from now. ↘// The company will **operate**
a **research center** / that's **expected** to employ
approximately seventy-five full-time employees. ↘//
This is **the fifth company** in the past month / to state its
plans **to move to the city**. ↘

지역 뉴스로서, 오늘 MTM 사는 지금부터 두 달 후 Jacksonville 중심가에 새로운 시설을 오픈할 것이라는 성명을 발표했습니다. 이 기업은 리서치 센터를 운영할 예정인데, 대략 75명의 정규직 직원이 채용될 것으로 예상됩니다. 이는 지난 한 달 동안 우리 도시로의 이주 계획을 밝힌 5번째 기업입니다.

|어휘| **local news** 지역 뉴스 **release a statement** 성명을 발표하다 **mention** 언급하다 **intend to** ~할 의도이다 **facility** 시설 **research center** 리서치 센터, 연구소 **approximately** 대략 **full-time employee** 정규직 직원 **state** 말하다, 진술하다

Question 2

IH 넘기 포인트
- 부재중인 상황을 대비해 녹음해 둔 자동응답기 멘트입니다. 부재중인 이유, 메시지를 남기는 방법 등을 강조해서 읽도록 합시다.
- 「so that ~ can」은 목적의 의미를 나타내는 구문을 이끕니다. 따라서 so 앞에서 살짝 끊어 읽는 것이 좋습니다.

🎙 03-02

볼드: 강하게 읽기 ↗: 올려 읽기 ↘: 내려 읽기 /, //: 끊어 읽기

Hello and thank you for **calling** the office of **Manpower
Associates**, ↘/ the **city's top** job-placement firm. ↘// Our
office is **currently closed** for the national holiday, / but **if
you press one** and wait for the **beep**, ↗/ you can **leave**
a voice message. ↘// **Remember** to provide your **phone
number** ↗/ so that one of our staffers can **return your
call** the following day. ↘

안녕하세요. 시내 최고의 직업소개소인 Manpower Associates 사무실에 전화 주셔서 감사합니다. 저희 사무실은 국경일로 인해 현재 문을 닫고 있지만, 1번을 누르시고 삐 소리가 날 때까지 기다리시면 음성 메시지를 남기실 수 있습니다. 잊지 마시고 저희 직원 중 한 명이 내일 다시 전화를 드릴 수 있도록 전화번호를 알려 주시기 바랍니다.

|어휘| **job-placement firm** 직업소개소 **national holiday** 국경일 **beep** 삐 소리 **voice message** 음성 메시지 **so that ~ can** ~하기 위하여 **staffer** 직원

Q3-4 | Describe a picture

Question 3

IH 넘기 포인트 • 장소가 강조되는 사진이 등장하면 먼저 사진 속 장소가 어디인지 밝히는 것이 좋습니다. 그리고 난 뒤에 사진 속 장소의 사람들이 무엇을 하고 있는지 부연 설명하도록 합시다. 사진 속에서 찾을 수 있는 단서를 이용하여 날씨 등과 관련된 추측을 해 보는 것도 사진 묘사의 좋은 방법입니다.

답변 전략 세우기

1 **사진 속 장소를 설명한다.**
   • 지하철 정거장 (a subway station)
   • 역으로 들어오는 지하철 차량 (a subway pulling into the station)

2 **주변 사람들의 행위를 묘사한다.**
   • 승강장에 서 있는 사람들 (people standing on the platform)
   • 하얀색 선 뒤쪽에 서 있는 사람들 (people standing behind the white line)

3 **사진 속의 단서를 이용해 추론을 한다.**
   • 따뜻하게 차려 입은 사람들 (some people wearing jackets)
   • 추운 날씨 (cold outside)

모범 답변 1 (IH) 🎙 03-03

This scene shows a subway station. A subway going to Pipera is pulling into the station. There are a lot of people standing on the platform. All of them are waiting behind the white line. These people are going to board the subway when the doors open. Some people are wearing jackets, so it must be cold outside. I can also see several signs suspended in the air. They probably have information about the subway.

이 장면은 지하철 역을 보여 줍니다. Pipera 행 지하철 차량이 역으로 들어오고 있습니다. 많은 사람들이 승강장에 서 있습니다. 그들 모두 하얀색 선 뒤쪽에서 기다리고 있습니다. 문이 열리면 사람들은 지하철에 탑승할 것입니다. 몇몇 사람들이 재킷을 입고 있기 때문에 밖은 분명 추울 것입니다. 또한 위쪽에는 전광판이 매달려 있는 것을 볼 수 있습니다. 아마도 지하철과 관련된 정보를 나타내고 있을 것입니다.

| 어휘 | **scene** 장면 **pull into** ~으로 들어오다 **platform** 승강장, 플랫폼 **board** 탑승하다 **sign** 징후; 표지, 간판 **suspend** 매달다 **in the air** 공중에

모범 답변 2 (AL) 🎙 03-04

This picture was taken in a subway station. There is a subway that looks like it is approaching the station. I can see the word "Pipera" on the front. That must be the subway's destination. I can also see the driver. On the platform, several people are waiting for the subway to arrive. In the foreground, there's a woman standing behind a white line. She and the others are probably going to get on the subway in a moment. The woman is dressed warmly, so I imagine that the weather is cold outside.

이 사진은 지하철 역에서 촬영되었습니다. 지하철 차량이 역으로 들어오고 있는 것처럼 보입니다. 차량 정면에서 "Pipera"라는 단어를 볼 수 있습니다. 분명 지하철 차량의 목적지일 것입니다. 또한 승무원도 볼 수 있습니다. 승강장에서는 사람들이 기차가 도착하기를 기다리고 있습니다. 앞쪽에 있는 한 여성은 하얀색 선 뒤에 서 있습니다. 아마도 그녀와 다른 사람들은 잠시 후에 지하철에 탑승하게 될 것입니다. 이 여성이 따뜻하게 옷을 차려 입었기 때문에 바깥 날씨는 추울 것으로 생각됩니다.

| 어휘 | **approach** 접근하다, 다가가다 **destination** 목적지 **get on** ~에 탑승하다 **in a moment** 잠시 후에

Question 4

IH 넘기 포인트 • 비교적 소수의 인물이 등장하는 사진의 경우에는 각 인물의 동작을 묘사하도록 합니다. 인물들의 공통적인 동작이나 상태를 묘사할 수 있을 경우에는 이를 묘사하도록 합니다.

답변 전략 세우기

1 **개별 인물들의 동작을 묘사한다.**
   • 이야기를 나누는 두 여성 (two women are talking to each other)
   • 현미경을 사용하는 여성 (a woman is using a microscope)
   • 용기에 무엇인가를 따르고 있는 남성 (the man is pouring something)

2 **인물들의 공통적인 동작이나 상태를 묘사한다.**
   • 모두 동일한 복장을 착용한 모습 (wearing white lab coats, gloves, and safety gollges)

3 **사물의 구체적인 명칭이 떠오르지 않으면 일반적인 단어를 사용한다.**
   • 비커 → 용기 / 어떤 용액 → 어떤 것
   (beaker → container / some liquid → something)

모범 답변 1 (IH) 🎤 03-05

This is a picture of some scientists in a laboratory. There are three women and one man in the picture. Two women are talking to each other. The other woman is using a microscope. And the man is pouring something into a container. Everybody is wearing white lab coats, gloves, and safety goggles. I can see plenty of equipment, such as test tubes and monitors. They are probably doing an experiment in their workplace.

이것은 실험실에 있는 몇 명의 과학자들의 사진입니다. 사진에는 세 명의 여성과 한 명의 남성이 있습니다. 두 여성은 서로 이야기를 나누고 있습니다. 다른 여성은 현미경을 사용하고 있습니다. 그리고 남자는 용기에 무엇인가를 따르고 있습니다. 모두 흰색 실험실 가운, 장갑, 그리고 보호 안경을 착용하고 있습니다. 시험관과 모니터 같은 많은 도구들이 보입니다. 그들은 아마도 직장에서 실험을 하고 있는 것 같습니다.

| 어휘 | **laboratory** 실험실 **microscope** 현미경 **pour** 붓다, 따르다 **container** 용기, 그릇 **lab coat** 실험실 가운 **safety goggles** 보호 안경 **tube** 시험관

모범 답변 2 (AL) 🎤 03-06

I think this picture was taken in a laboratory. There are four people in the picture, and all of them are wearing white lab coats. They also have on gloves and are wearing safety goggles, so they are probably conducting an experiment. One of the women is looking at something with a microscope. The man is pouring some liquid into a beaker. I can see some scientific equipment in the picture, including test tubes and two monitors. It appears to me that these people are all scientists and are doing some work in a laboratory.

이 사진은 실험실에서 촬영된 것 같습니다. 사진에는 네 명의 사람이 있으며, 그들은 모두 흰색 실험실 가운을 입고 있습니다. 그들은 또한 장갑과 보호 안경을 착용하고 있으므로, 그들은 실험을 진행하는 것 같습니다. 여성들 중 한 명은 현미경으로 무엇인가를 보고 있습니다. 남성은 비커에 용액을 따르고 있습니다. 사진에서 시험관과 두 대의 모니터를 포함한 과학 장비들이 보입니다. 이 사람들은 모두 과학자이며 실험실에서 일을 하는 것 같습니다.

| 어휘 | **conduct an experiment** 실험을 실시하다 **liquid** 액체, 용액 **beaker** 비커

Q5-7 | Respond to questions

Imagine that an American marketing firm is doing research in your country. You have agreed to participate in a telephone interview about online shopping.

미국의 한 마케팅 회사가 당신 나라에서 설문 조사를 하고 있다고 가정해 봅시다. 당신은 온라인 쇼핑에 관한 전화 인터뷰에 참여하겠다고 동의했습니다.

Question 5

What do you usually purchase while doing online shopping?   온라인 쇼핑으로 보통 무엇을 구매하십니까?

IH 넘기 포인트 • 온라인 쇼핑을 할 때의 구매 품목을 물었으므로 한두 가지의 구매 품목을 답하면 됩니다. 구매 이유도 짧게 밝히면 보다 효과적인 답안이 될 수 있습니다.

키워드 떠올리기   purchase books, order meals from restuarants

모범 답변 1 (IH) 🎤 03-07

I like to purchase books when I do online shopping. I also sometimes order meals from restaurants by using their Web sites.

저는 온라인 쇼핑으로 책을 구입하는 것을 좋아합니다. 또한 식당의 웹사이트를 이용해서 때때로 식당 음식을 주문하기도 합니다.

|어휘| **purchase** 구입하다   **meal** 식사

모범 답변 2 (AL) 🎤 03-08

I do lots of online shopping, but I mostly purchase clothing and food. Because I buy those two items, I don't have to visit many stores in person.

저는 온라인 쇼핑을 자주 하지만 주로 의류와 식품을 구입합니다. 이 두 가지 품목을 구입하기 때문에 직접 여러 매장을 방문할 필요가 없습니다.

|어휘| **mostly** 주로, 대개   **in person** 직접, 몸소

Question 6

Do you shop online more often than you shop at physical stores? Why or why not?

오프라인 매장에서 쇼핑하기 보다 온라인 쇼핑을 더 자주 하십니까? 그렇다면 혹은 그렇지 않다면 그 이유는 무엇입니까?

IH 넘기 포인트 • 보다 자주 이용하는 쇼핑의 형태를 언급한 후 그 이유에 대해 답을 하도록 합니다. 결과적으로 이 질문은 온라인 쇼핑의 장점이나 단점을 묻는 질문과도 같습니다.

키워드 떠올리기   shop at physical stores, local supermarkets, prefer to select the food I purchase in person

모범 답변 1 (IH) 🎤 03-09

I definitely shop at physical stores more than I shop online. For example, I always get my groceries at local supermarkets. I prefer to select the food I purchase in person.

저는 확실히 온라인보다 오프라인 매장에서 더 많이 쇼핑을 합니다. 예를 들어, 저는 항상 인근 슈퍼마켓에서 식료품을 구입합니다. 식품은 직접 고르는 것을 선호합니다.

|어휘| **definitely** 분명히, 확실히 **grocery** 식료품 **in person** 직접, 몸소

모범 답변 2 (AL) 🎤 03-10

I would say that I shop more online than at physical stores. These days, I get most of what I need online, so I don't have to deal with busy stores and long lines very much.

저는 오프라인 매장에서보다 온라인으로 쇼핑을 더 많이 하는 것 같습니다. 요즘에는 필요한 대부분을 온라인에서 구입하고 있기 때문에, 사람들로 붐비는 매장이나 기다란 줄을 별로 겪을 필요가 없습니다.

|어휘| **these days** 요즘 **don't have to** ~할 필요가 없다 **deal with** ~을 다루다; ~을 상대하다

Question 7

Think about your most recent online purchase. What did you buy, and why did you buy it?

가장 최근에 온라인으로 구입한 품목에 대해 생각해 보십시오. 무엇을 구입했으며, 왜 구입을 하셨습니까?

IH 넘기 포인트 • 최근에 구매한 품목과 구입 이유를 묻는 질문입니다. 구매 시기와 장소, 구매 이유를 구체적으로 언급하도록 합시다.

키워드 떠올리기 a science-fiction book, a business trip, a brand-new book

모범 답변 1 (IH) 🎤 03-11

A couple of days ago, I bought a science-fiction book online. I am going on a business trip in a couple of days. So I wanted to have something to read for my trip. My local bookstore has a Web site, so I checked it out. There was a brand-new book being advertised. Because it looked interesting, I ordered it.

저는 이틀 전에 온라인으로 공상과학 소설을 구입했습니다. 이틀 후에 출장을 갈 예정입니다. 그래서 이동 중에 읽을 수 있는 것을 찾고 싶었습니다. 인근 서점에서 웹사이트를 운영하고 있기 때문에 저는 들어가서 확인을 해 보았습니다. 최신 도서가 광고되고 있었습니다. 흥미로워 보였기 때문에 저는 그것을 주문했습니다.

|어휘| **science-fiction book** 공상과학 소설 **business trip** 출장 **check out** 확인하다, 조사하다 **advertise** 광고하다

모범 답변 2 (AL) 🎤 03-12

Last night, I visited the Web site of a popular clothing store. This is a Web site that I have made many purchases from in the past. Whenever the seasons change, it always has special sales for its customers. Since winter is coming, I need some warm clothes. I bought a couple of sweaters as well as a nice winter jacket, and they didn't cost much money.

어젯밤에 저는 유명한 의류 매장의 웹사이트를 방문했습니다. 이곳은 제가 예전부터 자주 이용하고 있는 사이트입니다. 계절이 바뀔 때마다 이곳에서는 항상 고객들을 위한 특별 세일을 실시합니다. 겨울이 다가오고 있기 때문에 제게는 따뜻한 옷이 필요합니다. 저는 두어 벌의 스웨터와 멋진 겨울용 재킷을 하나 구입했는데, 가격은 크게 비싸지 않았습니다.

|어휘| **from in the past** 예전부터 **as well as** ~뿐만 아니라 ~도

Q8-10 | Respond to questions using information provided

DYNAMO CONSULTING
One-Day Sales Seminar

Time	Room	Event	Notes
9:00 A.M. – 10:00 A.M.	202	Speech: Increasing Sales in the Domestic Market (Jonathan Davis)	Handouts to be given
10:00 A.M. – 11:30 A.M.	201	Roundtable Discussion: Becoming a Better Salesperson (Christina Stewart, Dave Arnold, Peter Yoo)	Questions welcome from attendees
11:30 A.M. – 1:00 P.M.	Cafeteria	Lunch	
1:00 P.M. – 2:30 P.M.	203	Speech: Developing New Business (Angela Roth)	Speech + short video presentation
2:30 P.M. – 4:30 P.M.	202	Role-Playing: New Sales Techniques	Hands-on activity by attendees
4:30 P.M. – 5:00 P.M.	201	Concluding Remarks (Jonathan Davis)	

Dynamo 컨설팅
일일 영업 세미나

시간	장소	행사	참고
9:00 A.M. – 10:00 A.M.	202	강연: 국내 시장에서 매출 증가시키기 (Jonathan Davis)	유인물 배포
10:00 A.M. – 11:30 A.M.	201	원탁 토론: 우수한 영업 사원되기 (Christina Stewart, Dave Arnold, Peter Yoo)	방청인들의 질문 환영
11:30 A.M. – 1:00 P.M.	구내 식당	점심 식사	
1:00 P.M. – 2:30 P.M.	203	강연: 신규 사업 개척하기 (Angela Roth)	강연 + 짧은 동영상 프레젠테이션
2:30 P.M. – 4:30 P.M.	202	롤플레잉: 새로운 영업 기술	참가자들의 체험 활동
4:30 P.M. – 5:00 P.M.	201	폐회사 (Jonathan Davis)	

| 어휘 | **one-day** 하루의, 하루짜리 **domestic** 국내의 **handout** 유인물 **roundtable** 원탁 **hands-on** 직접 해 보는, 체험하는 **concluding remarks** 맺음말, 폐회사

Hello. My name is Donovan Waters. I signed up for the one-day seminar being given by Dynamo Consulting, but I left the schedule back in my office. Can you confirm some details for me?

안녕하세요. 제 이름은 Donovan Waters입니다. Dynamo 컨설팅에서 주관하는 일일 세미나에 등록을 했지만, 일정표를 사무실에 두고 나왔습니다. 몇 가지 사항을 확인해 주실 수 있으신가요?

When will the roundtable discussion begin, and who will be participating in it?	원탁 회의는 언제 시작하며, 누가 참석할 예정인가요?

IH 넘기 포인트
- roundtable discussion가 질문의 키워드입니다. 일정표에서 이에 해당되는 부분을 자세히 살핀 후 질문에 답하도록 합시다.

관련 정보 찾기

10:00 A.M. – 11:30 A.M.	201	Roundtable Discussion: Becoming a Better Salesperson (Christina Stewart, Dave Arnold, Peter Yoo)	Questions welcome from attendees

모범 답변 1 (IH) 🎙 03-13

The roundtable discussion will begin at 10:00 A.M. Christina Stewart, Dave Arnold, and Peter Yoo will be participating in it. It will also be in room 201.	원탁 토론은 오전 10시에 시작될 예정입니다. Christina Stewart, Dave Arnold, 그리고 Peter Yoo가 참석할 것입니다. 201호실에서 열릴 것입니다.

모범 답변 2 (AL) 🎙 03-14

The roundtable discussion is scheduled to begin at 10:00 in the morning and will last for an hour and a half. The participants will be Christina Stewart, Dave Arnold, and Peter Yoo.	원탁 토론은 오전 10시에 시작할 것이며 한 시간 반 정도 지속될 예정입니다. 참석자는 Christina Stewart, Dave Arnold, 그리고 Peter Yoo입니다.

| 어휘 | **participant** 참석자, 참가자

I heard that the role-playing activity will be held from 1:00 to 2:30. Is that correct?	롤플레잉 활동은 1시부터 2시 30분까지 진행될 것이라고 들었습니다. 맞나요?

IH 넘기 포인트
- 롤플레잉 활동의 시간대를 묻고 있으므로 롤플레잉 항목을 찾아 답변을 하도록 합니다. 질문자가 언급한 1시의 행사에 관해서도 올바른 정보를 알려 주면 보다 친절한 답변이 될 것입니다.

관련 정보 찾기

2:30 P.M. – 4:30 P.M.	202	Role-Playing: New Sales Techniques	Hands-on activity by attendees

모범 답변 1 (IH) 🎙 03-15

No, that's not correct. A speech on developing new business will run from 1:00 to 2:30. The role-playing activity will come after it. It will last from 2:30 to 4:30.	아니요, 그렇지 않습니다. 1시부터 2시 30분까지는 신규 사업 개척에 관한 강연이 진행될 예정입니다. 롤플레잉 활동은 그 이후에 진행될 것입니다. 2시 30분부터 4시 30분까지 진행될 예정입니다.

모범 답변 2 (AL) 🎤 03-16

I'm sorry, but you have the wrong information. The role-playing activity will be held from 2:30 to 4:30 in the afternoon. The event at 1:00 will be a speech given by Angela Roth.

죄송하지만 잘못 알고 계신 것 같군요. 롤플레잉 활동은 오후 2시 30분부터 4시 30분까지 진행될 예정입니다. 1시에 진행될 행사는 Angela Roth의 강연입니다.

Question 10

I'm really looking forward to hearing Jonathan Davis speak. Could you tell me about the activities he will be leading?

저는 정말로 Jonathan Davis의 연설을 기대하고 있습니다. 그가 진행할 활동에 대해 말씀해 주실 수 있으신가요?

IH 넘기 포인트
- 첫 번째 행사 항목에서 Jonathan Davis라는 이름을 보고 성급히 이에 대해서만 언급을 하면 좋은 답변이 될 수 없습니다. 마지막 행사에서도 동일한 이름이 등장하므로 이 두 가지 행사와 관련된 모든 사항들을 빠짐없이 언급하도록 합시다.

관련 정보 찾기

9:00 A.M. – 10:00 A.M.	202	Speech: Increasing Sales in the Domestic Market (Jonathan Davis)	Handouts to be given
4:30 P.M. – 5:00 P.M.	201	Concluding Remarks (Jonathan Davis)	

모범 답변 1 (IH) 🎤 03-17

You can hear Mr. Davis speak two times. He will talk about increasing sales in the domestic market at 9:00 A.M. He is also scheduled to give some concluding remarks. He will do that from 4:30 to 5:00.

Davis 씨의 연설은 두 번 듣게 되실 것입니다. 그는 오전 9시에 국내 시장에서의 매출 증대와 관련된 이야기를 할 것입니다. 또한 폐회사도 하기로 예정되어 있습니다. 4시 30분부터 5시까지 폐회사를 할 것입니다.

모범 답변 2 (AL) 🎤 03-18

Jonathan Davis will be speaking twice at the conference. He will give a speech on increasing sales in the domestic market from 9:00 to 10:00 in room 202. That will be the first activity of the day. He'll also make some concluding remarks from 4:30 to 5:00 in room 201.

컨퍼런스에서 Jonathan Davis는 두 차례의 연설을 할 것입니다. 9시부터 10시까지는 202호에서 국내 시장에서의 매출 증대와 관련한 연설을 할 것입니다. 이는 당일 첫 번째 행사가 될 것입니다. 또한 4시 30분부터 5시까지는 201호에서 폐회사를 하게 될 것입니다.

Q11 | Express an opinion

Do you agree or disagree with the following statement? *The most talented writers are the most popular ones.* Give reasons and examples to support your opinion.	아래의 주장에 찬성하십니까, 아니면 반대하십니까? *가장 재능 있는 작가들이 가장 인기 있는 작가들이다.* 이유와 예시로 의견을 뒷받침하십시오.

IH 넘기 포인트 ・ 이 문제의 경우, 실제 작가나 작품의 이름을 거론하면서 답변을 하면 보다 설득력이 있는 답변이 만들어 질 수 있습니다. 물론 누구나 알 수 있는, 널리 알려져 있는 이름을 거론하는 것이 좋습니다.

답변 전략 세우기

찬성 (Agree)	반대 (Disagree)
・ *해리포터*는 베스트셀러임 (the *Harry Potter* books were bestsellers) ・ 뛰어난 스토리를 생각해 냄 (wrote outstanding stories) ・ C.S. Lewis와 Michael Crichton (C.S. Lewis and Michael Crichton) * 각각 *나니아 연대기*와 *쥬라기 공원*의 작가	・ 출판사가 특정 도서에 대해 프로모션을 함 (publishing companies can promote certain books) ・ 작가가 재능이 없고 글을 잘 못쓰더라도 베스트셀러가 됨 (become bestsellers even though the authors are untalented and don't write well) ・ 재능이 있는 작가들은 출판 계약에서 어려움을 겪기도 함 (many writers with outstanding talent have trouble getting contracts with publishing companies)

모범 답변 1 (IH)

Agree 🎤 03-19

I believe that the statement is correct, so I agree with it. For example, for many years, the *Harry Potter* books were bestsellers. The author of those books is J.K. Rowling. She wrote outstanding stories. They captured the imaginations of children and other readers around the world. Because she was talented, she also became very popular. This is true of other writers as well. They include C.S. Lewis and Michael Crichton.

저는 그러한 주장이 옳다고 생각하기 때문에 찬성합니다. 예를 들어 여러 해 동안 *해리포터* 시리즈는 베스트셀러였습니다. 이 책의 작가는 J.K. Rowling입니다. 그녀는 뛰어난 작품을 썼습니다. 전 세계 아이들과 독자들의 상상력을 자극했습니다. 또한 그녀에게 재능이 있었기 때문에 그녀는 많은 인기도 얻었습니다. 이는 다른 작가들의 경우에도 마찬가지입니다. 여기에는 C.S. Lewis와 Michael Crichton도 포함됩니다.

|어휘| **outstanding** 뛰어난 **capture** 포획하다, 사로잡다 **imagination** 상상(력)

Disagree 🎤 03-20

I don't think that this statement is correct, so I therefore disagree with it. Nowadays, publishing companies can promote certain books. By doing that, they can convince people to read these books. So the books become bestsellers even though the authors are untalented and don't write well. In addition, many writers with outstanding talent have trouble getting contracts with publishing companies. They can publish their books independently. However, few of them ever become popular.

저는 그러한 주장이 옳다고 생각하지 많으므로 반대합니다. 요즘에는 출판사들이 특정 도서에 대해 프로모션을 할 수가 있습니다. 그렇게 함으로써 사람들을 설득시켜 이러한 책을 읽도록 만들 수 있습니다. 따라서 작가가 재능을 갖고 있지 않고 글을 잘 쓰지 못해도 책이 베스트셀러가 됩니다. 또한 뛰어난 재능을 가진 많은 작가들은 출판사와 계약을 체결하는 일에 어려움을 겪습니다. 그들은 독립 출판을 할 수도 있습니다. 하지만 그중 인기를 얻는 경우는 거의 없습니다.

| 어휘 | publishing company 출판사 promote 홍보하다, 프로모션을 하다 convince 설득하다
have trouble -ing ~하는 데 어려움을 겪다 independently 독립적으로

모범 답변 2 (AL)

Agree 🎤 03-21

I agree with this statement. I read many novels, and I've noticed that the novelists who sell the most books are very talented. One example is J.R.R. Tolkien. I have read his series *The Lord of the Rings*. Those books are popular, and Tolkien was an extremely talented writer. He created a new world and wrote numerous books set in it. Another example is Stephen King. He has written dozens of novels, and many have made the bestseller lists. He is also a highly talented writer, so it's unsurprising to me that he is so popular.

저는 그러한 주장에 찬성합니다. 저는 소설을 많이 읽는데, 가장 많은 책을 파는 소설가들이 곧 재능이 매우 뛰어난 사람이라는 점을 알게 되었습니다. 한 예가 J.R.R. Tolkien입니다. 저는 그의 시리즈 *반지의 제왕*을 읽었습니다. 이 책들은 인기가 높으며 Tolkien은 정말로 뛰어난 작가입니다. 그는 새로운 세계관을 만들었고 이를 배경으로 한 많은 책을 썼습니다. 또 다른 예는 Stephen King입니다. 그는 수십 편의 소설을 썼으며 이들을 베스트셀러로 만들었습니다. 그 역시 매우 재능이 뛰어난 작가여서 그의 인기가 높다는 점은 제게 놀라운 일이 아닙니다.

| 어휘 | novelist 소설가 extremely 극도로, 매우 dozens of 수십 개의 unsurprising 놀랍지 않은

Disagree 🎤 03-22

I don't believe this is true. In fact, in many instances, I think the exact opposite happens. By that, I mean that untalented writers become popular whereas the most talented ones sell only a few books. One of my favorite writers is George MacDonald. He wrote fantasy novels and other books, but he's not well known nowadays. However, in my opinion, he was a very skilled author. On the other hand, if you read many books on today's bestseller lists, you'll see large numbers of inferior works. These writers are simply not talented despite selling many copies.

저는 그것이 사실과 다르다고 생각합니다. 실제로, 많은 경우에 있어서, 저는 그 반대의 일이 벌어지고 있다고 생각합니다. 이 말은 재능이 없는 작가들이 인기를 얻고 반대로 재능이 가장 뛰어난 작가들은 책을 얼마 팔지 못하고 있다는 의미입니다. 제가 가장 좋아하는 작가 중 한 명은 George MacDonald입니다. 그는 판타지 소설 및 기타 소설들을 썼지만, 오늘날 잘 알려져 있지 않습니다. 하지만 제 생각에 그는 정말로 뛰어난 작가입니다. 반면, 오늘날 베스트셀러 목록에 올라와 있는 많은 책을 읽어 보면 수준이 낮은 작품들을 다수 보게 될 것입니다. 많은 부수가 팔리고 있을지라도 이러한 작가들에게는 재능이 없습니다.

| 어휘 | instance 경우 opposite 반대의 whereas 반면에 skilled 숙련된, 솜씨가 좋은 inferior 열등한, 질이 낮은

Actual Test 04

Q1-2 | Read a text aloud

Question 1

1세 넘기 포인트
- 제과 매장의 오픈을 알리는 광고문입니다. 지점의 위치, 메뉴, 그리고 할인 행사 등이 정확히 전달될 수 있도록 광고를 읽습니다.
- 지문에서 사용된 분사구(located at 89 Warner Avenue)와 to부정사구(to celebrate the grand opening of the establishment)는 각각 주절과 적당히 띄어 읽도록 합니다.

🎤 04-01

볼드: 강하게 읽기 ↗: 올려 읽기 ↘: 내려 읽기 /, //: 끊어 읽기

Cavalier Bakery is pleased to **announce** that it's **opening a third branch** this Saturday. ↘// Located at **89 Warner Avenue**, / the store will provide customers with **all of** their favorite **breads**, ↗/ **donuts**, ↗/ **cakes**, ↗/ and other **baked goods**. ↘// **To celebrate** the grand opening of the **establishment**, / **every item** there will be sold for at least **fifty percent off** the entire weekend. ↘

Cavalier 베이커리에서 이번 주 토요일에 세 번째 지점을 오픈할 것이라는 점을 알리게 되어 기쁘게 생각합니다. Warner 가 89번지에 위치한 이 매장에서는 손님들에게 가장 인기가 높은 빵과 도넛 및 케이크, 그리고 기타 제과 제품 모두를 제공할 것입니다. 신규 매장의 개장을 축하하기 위해 주말 동안 이곳의 모든 제품은 최소 50% 할인된 가격으로 판매될 것입니다.

|어휘| announce 발표하다 branch 가지; 지점, 지사 provide A with B A에게 B를 제공하다 baked goods 제과 제품 celebrate 경축하다, 기념하다 establishment 설립(체) at least 최소한

Question 2

1세 넘기 포인트
- 슈퍼마켓의 폐장 시간을 알리는 안내 방송입니다. 고객에게 당부하는 점을 명확히 밝히도록 합시다.
- 마지막 문장에서 where는 관계부사로 쓰였습니다. 이처럼 관계부사 앞에 콤마가 있는 경우, 주절과 형용사절 사이를 약간 띄어 읽도록 합니다.

🎤 04-02

볼드: 강하게 읽기 ↗: 올려 읽기 ↘: 내려 읽기 /, //: 끊어 읽기

May I have your **attention**, please? ↗// **Pelican Supermarket** is **closing** for the day / **in fifteen minutes**. ↘// We kindly request / that you begin **heading to the cash registers** at the **front** / if you intend to make a purchase. ↘// But before **leaving**, ↘/ be sure to **visit aisle one**, / where you can find all kinds of perishable items / available for **fifty percent off**. ↘

잠시 주목해 주시겠습니까? 15분 후에 Pelican 슈퍼마켓의 금일 영업이 종료됩니다. 구매를 하시려면 지금 앞쪽에 있는 계산대로 가 주실 것을 정중히 요청드립니다. 하지만 떠나시기 전에 잊지 마시고 1번 통로를 방문해 주십시오. 그곳에는 15% 할인된 가격으로 구입할 수 있는 다양한 신선 식품들이 있습니다.

|어휘| head to ~으로 향하다 cash register 금전등록기, 계산대 aisle 복도 perishable 소멸할 수 있는, (음식 등이) 부패할 수 있는

Q3-4 | Describe a picture

Actual Test 04

Question 3

IH 넘기 포인트 • 비교적 소수의 인물이 등장하는 사진의 경우, 각 인물들의 행동이나 모습을 하나씩 묘사할 수도 있고, 혹은 인물들의 공통적인 행동이나 모습을 중심으로 사진 속 장면을 묘사할 수도 있습니다.

답변 전략 세우기

1 인물들의 공통된 행동을 설명한다.
- 노트북 화면을 바라봄 (looking at a laptop screen)

2 중심 인물의 행동이나 특징을 묘사한 후 기타 인물들에 대해 논의한다.
- 서서 키보드로 타이핑하고 있는 남성 (one man is standing and typing on the keyboard)
- 앉아 있는 여성과 남성 (one woman and the other man are sitting down)
- 서 있는 여성 (the second woman is standing)

3 사진 속 사물들을 부가적으로 설명한다.
- 테이블 위에 놓인 두 대의 노트북 컴퓨터, 종이, 휴대 전화, 커피 잔 (two laptops, papers, cell phones, and a coffee cup)
- 유리문 (glass doors)

모범 답변 1 (IH) 🎤 04-03

There are four people in this picture. Two are men, and the other two are women. They're all looking at a laptop screen. One man is standing and typing on the keyboard. One woman and the other man are sitting down. The second woman is standing. It looks like they're colleagues working on a project. On the table, I see two laptops, papers, phones, and a coffee cup. Behind them are glass doors leading to another room.

이 사진에는 네 명의 사람이 있습니다. 두 사람은 남성이고 다른 두 사람은 여성입니다. 그들은 모두 노트북 컴퓨터 화면을 바라보고 있습니다. 한 남성은 서서 키보드로 타이핑을 하고 있습니다. 한 여성과 다른 남성은 자리에 앉아 있습니다. 두 번째 여성은 서 있습니다. 그들은 직장 동료들로, 프로젝트 작업을 하고 있는 것처럼 보입니다. 테이블에는 두 대의 노트북 컴퓨터, 종이, 전화기, 그리고 커피잔이 보입니다. 그들 뒤편에는 다른 방으로 이어지는 유리문이 있습니다.

|어휘| **laptop** 노트북 컴퓨터 **type** 타이핑하다 **colleague** 직장 동료 **lead to** ~으로 이어지다

모범 답변 2 (AL) 🎤 04-04

This picture appears to have been taken in an office. There are four people in the picture. Two of them are seated while the other two are standing up. All four of them are looking at a laptop screen on the table. One of the men has his hands on the laptop and appears to be typing something on it. On the table, there are two laptops, both of which are open, as well as some papers and phones. In the background, I see some glass windows. It looks like there is another room beyond the glass doors.

이 사진은 사무실에서 촬영된 것으로 보입니다. 사진에는 네 명의 사람이 있습니다. 그중 두 사람은 앉아 있지만, 다른 두 사람은 서 있습니다. 네 사람 모두 테이블 위의 노트북 컴퓨터 화면을 바라보고 있습니다. 남성 중 한 명은 노트북에 손을 올려 놓고 무언가를 타이핑하고 있는 것 같습니다. 테이블 위에는 두 대의 노트북 컴퓨터가 있는데, 모두 열려 있으며, 종이와 전화기도 놓여 있습니다. 뒤편에는 유리창이 보입니다. 유리문 너머에는 또 다른 방이 있는 것 같습니다.

|어휘| **screen** 화면 **as well as** ~뿐만 아니라 ~도

IH 넘기 포인트 · 다수의 인물이 등장하는 사진의 경우에는 먼저 전체적인 인물들을 묘사하도록 합니다. 이어서 인물들 사이의 관계를 묘사한 다음, 사물을 묘사하도록 합니다.

답변 전략 세우기

1 **전체적인 인물들을 묘사한다.**
   · 버스에 타기 위해 줄을 서서 기다리는 사람들 (people waiting in line to get on a bus)
   · 짐을 가지고 있음 (have luggage)

2 **인물들 사이의 관계를 묘사한다.**
   · 일행인 것으로 보이는 나이 많은 부인과 남성 (the old lady appears to be with elderly man)

3 **사물들을 묘사한다.**
   · 사람들 뒤에 소형 버스가 있음 (a small bus behind everybody)

모범 답변 1 (IH) 🎤 04-05

I see several people waiting in line to get on a bus. One woman is wearing a safety vest. She is looking at the old lady's ticket. The old lady appears to be with the elderly man. Both of them have luggage. Some of the people waiting in line behind them have luggage, too. There is a small bus behind everybody. I guess that they are going to get on the bus and take a trip somewhere.

버스에 타기 위해 줄을 서서 기다리는 몇 명의 사람들이 보입니다. 한 여성은 안전 조끼를 입고 있습니다. 그녀는 노부인의 티켓을 보고 있습니다. 노부인은 나이가 많은 남성과 일행인 것 같습니다. 두 사람 모두 짐을 가지고 있습니다. 그들 뒤에 줄을 서서 기다리는 몇몇 사람들 또한 짐을 가지고 있습니다. 모든 사람의 뒤에 소형 버스가 있습니다. 그들은 버스를 타고 어딘가로 여행을 가는 것 같습니다.

|어휘| **safety vest** 안전 조끼   **elderly** 나이가 많은   **take a trip** 여행을 가다

모범 답변 2 (AL) 🎤 04-06

This picture was taken outdoors. Several people are lined up and waiting to get on a bus. One lady appears to be checking another woman's ticket. Behind the first lady in line, there are several other people. Most of them have some kind of luggage, so I guess they're going on a trip. Behind them is a bus. It's not long like a city bus but is instead a short bus. The old man and the old woman are probably a married couple. I can see a father and a son, too. There are two other people in line.

이 사진은 야외에서 촬영되었습니다. 몇몇 사람들이 버스에 타려고 줄을 서서 기다리고 있습니다. 한 명의 여성이 다른 여성의 티켓을 확인하고 있는 것 같습니다. 줄 맨 앞에 있는 여성 뒤에 몇 명의 다른 사람들이 있습니다. 그들의 대부분은 짐을 가지고 있으므로, 그들은 여행을 가는 것 같습니다. 그들 뒤에는 버스가 있습니다. 그것은 시내버스처럼 길지 않은 소형 버스입니다. 나이든 남성과 여성은 아마도 부부인 것 같습니다. 아버지와 아들도 보입니다. 줄에는 두 명이 더 있습니다.

|어휘| **line up** 줄을 서다   **luggage** 수하물, 짐

Q5-7 | Respond to questions

Imagine that a new work colleague has recently moved to your area and would like some information about things to do. You are having a telephone conversation about your town.

새로 온 직장 동료가 최근에 당신이 사는 곳으로 이사를 해서 몇 가지 사항에 대한 정보를 구하려고 합니다. 당신은 당신이 사는 도시에 관해 전화로 이야기를 하고 있습니다.

Question 5

Where do people like to go to relax on weekends?

주말에 사람들이 휴식을 취하려고 가는 곳은 어디인가요?

IH 넘기 포인트 • 주말에 사람들이 주로 찾는 장소를 언급합니다. 그러한 곳의 위치나 특징에 대해서도 간단하게 언급하는 것이 좋습니다.

키워드 떠올리기 a small lake, often crowded with local residents, go there to relax

모범 답변 1 (IH) 🎤 04-07

There is a small lake just outside my city. When the weather is nice, it's often crowded with local residents who go there to relax.

시 외곽에 작은 호수가 하나 있습니다. 날씨가 좋으면 그곳으로 휴식을 취하러 나온 인근 주민들로 종종 붐빌 때도 있습니다.

|어휘| **be crowded with** ~으로 붐비다

모범 답변 2 (AL) 🎤 04-08

There's a large park in the city that's popular with many of the residents. Whenever I go there with my friends or family, I almost always see some people that I know.

시내에는 많은 주민들에게 인기가 높은 커다란 공원이 하나 있습니다. 친구들이나 가족들과 함께 그곳에 갈 때면 항상 아는 사람들을 만납니다.

|어휘| **resident** 주민

Question 6

What activities do people usually do there?

보통 그곳에서 무엇을 하나요?

IH 넘기 포인트 • 휴식을 취할 수 있는 장소에서 사람들이 어떤 활동을 하는지 묻고 있습니다.

키워드 떠올리기 swimming, take their boats there, go there to enjoy fishing

모범 답변 1 (IH) 🎤 04-09

Swimming is a popular activity at the lake. It's also big enough that some people take their boats there. The lake has some fish, so many people go there to enjoy fishing.

호수에서는 수영이 인기 있는 활동입니다. 또한 호수의 크기가 커서 보트를 타는 사람들도 있습니다. 호수에는 물고기도 있기 때문에 낚시를 하러 그곳에 오는 사람들도 많습니다.

Some people just go to the park to have picnics or to lie around and read or rest. Others like to play sports or throw the Frisbee. There are tennis courts for people who enjoy tennis, too.

어떤 사람들은 공원으로 소풍을 오기도 하고 누워서 책을 읽으면서 휴식을 취하기도 합니다. 운동 경기를 하는 사람들도 있으며 원반 던지기를 하기도 합니다. 또한 그곳에서는 테니스를 칠 수도 있는 테니스 코트도 있습니다.

|어휘| **throw the Frisbee** 원반 던지기를 하다   **tennis court** 테니스 코트

Question 7

That sounds great. What's the best way for me to go there?

재미있게 들리는군요. 제가 그곳까지 갈 수 있는 가장 좋은 방법은 무엇인가요?

IH 넘기 포인트   • 추천할 만한 교통편에 대해 묻고 있으므로 교통 수단과 해당 수단을 이용할 경우 걸리는 소요 시간 등에 대해 언급하도록 합니다.

키워드 떠올리기   taking a bus there, every ten or fifteen minutes, cheap bus fares

모범 답변 1 (IH) 🎤 04-11

I recommend taking a bus there. Buses go from several places in the city to the lake. They depart every ten or fifteen minutes, so you won't have to wait long. Since bus fares are cheap, it won't cost very much money to visit the lake. You'd definitely be better off taking the bus.

저는 그곳까지 버스를 타고 가는 것을 추천합니다. 시내 여러 군데에서 호수까지 가는 버스가 있습니다. 10분이나 15분마다 출발하기 때문에 오래 기다릴 필요가 없습니다. 버스 요금이 저렴해서 호수를 방문하는 데 그다지 많은 돈이 들지도 않습니다. 분명 버스를 타는 것이 더 좋을 것입니다.

|어휘| **depart** 떠나다, 출발하다   **fare** 요금   **would be better off** ~하는 것이 더 낫다

모범 답변 2 (AL) 🎤 04-12

The park is in the center of the city, so it's very easy to go there. I recommend that you drive there because it's got a big parking lot, so parking isn't ever a problem. That way, you can also bring things like a picnic basket or some sporting equipment. The park is approximately a ten-minute drive from your house, and it's not hard to find either.

그 공원은 시내 중심부에 있기 때문에 매우 쉽게 갈 수 있습니다. 커다란 주차장이 있어서 주차 문제가 생기지 않으므로 그곳까지 운전을 해서 가는 것을 추천합니다. 그렇게 하면 피크닉 바구니나 스포츠 장비와 같은 것들도 가져갈 수 있습니다. 공원은 당신 집에서 차로 약 10분 거리에 있으며 찾기도 어렵지 않습니다.

|어휘| **center** 중심   **recommend** 추천하다   **parking lot** 주차장   **basket** 바구니, 바스켓   **equipment** 설비, 장비   **approximately** 거의, 대략

| Q8-10 | **Respond to questions using information provided** |

Delta Manufacturing

Monthly Managers' Meeting
July 3

Time	Topic	Speaker
1:00 – 1:20 P.M.	Second Quarter Sales Report	Sophia
1:20 – 2:00 P.M.	Upcoming Work Deadlines * HTT, Inc. (San Antonio) * Bradley Tech (Miami)	Jamal
2:00 – 2:20 P.M.	Assembly Line Update * Problems: Breakdowns & Poor Maintenance * Possible Solutions	Lawrence
2:20 – 3:00 P.M.	Expanding the Workforce	Deb

Delta Manufacturing

월간 경영진 회의
7월 3일

시간	주제	발표자
1:00 – 1:20 P.M.	2분기 판매 실적 보고	Sophia
1:20 – 2:00 P.M.	마감 임박 업무 * HTT 주식회사 (샌안토니오) * Bradley Tech (마이애미)	Jamal
2:00 – 2:20 P.M.	조립 라인 현황 보고 * 문제: 고장 & 관리 소홀 * 해결 방안	Lawrence
2:20 – 3:00 P.M.	직원 확충	Deb

|어휘| **sales report** 판매 실적 보고 **upcoming** 다가 오는, 곧 있을 **deadline** 마감 **assembly line** 조립 라인 **update** 최신 정보 **breakdown** 고장 **maintenance** 유지, 보수 **solution** 해결(책) **workforce** 노동력

Hi. This is Tina, the manager of the Sales Department. I can't find my schedule for the managers' meeting, so can you answer a couple of my questions, please?

안녕하세요. 영업부 부장 Tina입니다. 경영진 회의의 일정표를 찾을 수가 없어서 부탁드리는데, 두어 가지 질문에 답해 주실 수 있으신가요?

Question 8

What is the first item scheduled for the meeting?	회의 일정 상 첫 번째 순서는 무엇인가요?

IH 넘기 포인트 • the first item을 묻고 있으므로 회의의 첫 번째 발표와 관련된 사항들, 즉 발표 시간, 주제, 발표자 등을 거론하도록 합니다.

관련 정보 찾기

1:00 – 1:20 P.M.	Second Quarter Sales Report	Sophia

모범 답변 1 (IH) 🎤 04-13

Sophia will be speaking first at the meeting. She will speak for twenty minutes. And she will talk about the second quarter sales report.

회의에서는 Sophia가 첫 번째로 발표를 할 것입니다. 20분 동안 발표할 것입니다. 그리고 2분기 판매 실적에 대해 이야기할 것입니다.

모범 답변 2 (AL) 🎤 04-14

The first item of the meeting will be the second quarter sales report. Sophia is scheduled to present it, and she will talk for twenty minutes from 1:00 to 1:20.

회의의 첫 번째 사항은 2분기 판매 실적 보고입니다. Sophia가 발표할 것으로 예정되어 있으며, 1시에서 1시 20분까지, 20분 동안 진행될 것입니다.

Question 9

I heard that Jamal will be talking about the agreement he made with another company. Is that correct?	Jamal이 다른 회사와 체결한 계약에 대해 이야기할 것이라고 들었습니다. 맞나요?

IH 넘기 포인트 • 발표자 이름이 Jamal이라고 적혀 있는 항목에서 발표 주제를 찾아 질문의 내용과 비교해 보도록 합시다. 질문의 내용이 잘못된 경우에는 반드시 올바른 정보를 전달해 줍시다.

관련 정보 찾기

1:20 – 2:00 P.M.	Upcoming Work Deadlines * HTT, Inc. (San Antonio) * Bradley Tech (Miami)	Jamal

모범 답변 1 (IH) 🎤 04-15

I regret to inform you that you have the wrong information. Jamal won't be discussing that. He'll talk about upcoming work deadlines with HTT, Inc. and Bradley Tech.

안타깝게도 잘못된 내용을 알고 계십니다. Jamal은 그에 대해 논의하지 않을 것입니다. 그는 HTT 주식회사 및 Bradley Tech와 관련된, 마감이 임박한 업무에 대해 이야기할 것입니다.

모범 답변 2 (AL) 🎤 04-16

Actually, you heard incorrectly. Jamal won't be talking about an agreement with another company. Instead, he'll be discussing some upcoming work deadlines for HTT, Inc. and Bradley Tech.

잘못 들으신 것 같군요. Jamal은 다른 회사와의 협약에 대해 이야기하지 않을 것입니다. 대신 HTT 주식회사 및 Bradley Tech와 관련된, 마감이 임박한 업무에 대해 논의할 것입니다.

Question 10

I've got to leave at 2:00 to meet the CEO. What am I going to miss?

저는 2시에 대표이사님을 만나러 자리에서 일어나야만 합니다. 제가 무엇을 놓치게 될까요?

IH 넘기 포인트   • 2시라는 시간을 기준으로 이후 이루어질 일에 대해 상세히 이야기하도록 합니다.

관련 정보 찾기

2:00 – 2:20 P.M.	Assembly Line Update * Problems: Breakdowns & Poor Maintenance * Possible Solutions	Lawrence
2:20 – 3:00 P.M.	Expanding the Workforce	Deb

모범 답변 1 (IH) 🎤 04-17

You're going to miss a talk by Lawrence first. He will discuss some problems and solutions related to the assembly line from 2:00 to 2:20. Then, from 2:20 to 3:00, Deb will speak. She will talk about expanding the workforce.

먼저 Lawrence의 발표를 놓치시게 될 것입니다. 그는 2시부터 2시 20분까지 조립 라인과 관련된 문제 및 해결 방안에 대해 논의할 것입니다. 그 다음에는, 2시 20분부터 3시까지, Deb이 발표를 할 것입니다. 그녀는 직원 확충에 관한 이야기를 할 것입니다.

모범 답변 2 (AL) 🎤 04-18

It looks like you're going to miss two parts. From 2:00 to 2:20, Lawrence is going to give an update on the assembly line. He'll discuss problems relating to breakdowns and poor maintenance and give some solutions. Then, Deb will discuss the expansion of the workforce from 2:20 to 3:00.

두 번의 발표를 놓치시게 될 것 같습니다. 2시부터 2시 20분까지 Lawrence가 조립 라인의 현황을 알려 줄 것입니다. 고장 및 관리 소홀과 관련된 문제에 대해 논의하고 몇 가지 해결 방안에 대해 이야기할 것입니다. 그 후 2시 20분부터 3시까지는 Deb이 직원 확충에 대해 논의할 것입니다.

Q11 | Express an opinion

Some people want to own their home. Others want to rent a home. Which do you prefer? Why? Use specific reasons and examples to support your answer.

어떤 사람들은 집을 소유하고자 합니다. 다른 사람들은 집을 임차하고 싶어합니다. 어떤 쪽을 선호하십니까? 구체적인 이유와 상세한 예시로 답변을 뒷받침하십시오.

IH 넘기 포인트 • 선택 사항 중 두 가지 경우를 다 겪어 보았다면 본인의 경험에 기초해 두 가지 경우를 서로 비교해 보는 것도 좋은 답변 전략이 됩니다.

답변 전략 세우기

주택 소유 (Own a Home)	주택 임차 (Rent a Home)
• 소유한 집에서 보다 안락함을 느낄 수 있음 (feel more comfortable there) • 지금 사는 곳은 집과 같은 느낌이 들지 않음 (does not really feel like a home)	• 집을 소유하면 많은 책임이 따르게 됨 (by owning a home, I would have many responsibilities) • 수리 비용으로 집주인이 많은 비용을 부담 (cost the owner a lot of money to repair)

모범 답변 1 (IH)

Own a Home 🎤 04-19

It has always been my dream to own a home. So I would prefer that to renting a place. If I have my own home, I'll feel more comfortable there. My parents own their house. Growing up in it, I always felt like I belonged there. Now, I rent an apartment. It is okay, but it does not really feel like a home. In the future, I hope I can buy a home of my own.

집을 소유하는 것은 항상 제 꿈이었습니다. 그래서 집을 임차하는 것보다는 소유하는 것을 선호합니다. 자신의 집을 소유하고 있으면 보다 안락함을 느끼게 될 것입니다. 저희 부모님들께서는 집을 소유하고 계십니다. 저는 그 집에서 자랐기 때문에 그곳에서는 항상 소속감을 느꼈습니다. 지금은 아파트를 임차해서 살고 있습니다. 나쁘지는 않지만, 그곳에서는 집에서와 같은 기분이 들지 않습니다. 나중에는 제 자신의 집을 살 수 있기를 바랍니다.

|어휘| **comfortable** 편안한 **grow up** 자라다, 성장하다 **belong** 속하다

Rent a Home 🎙 04-20

I would prefer to rent a home than to own one. By owning a home, I would have many responsibilities. As a renter, I don't have those. The other day, the water pipe in my kitchen started leaking. All I did was call the owner. He sent a repairperson to my house to fix it. Because I rent, I didn't have to pay anything. But it cost the owner a lot of money to repair.

저는 집을 소유하는 것보다 임차하는 것을 선호합니다. 집을 소유하게 되면 많은 책임이 따를 것입니다. 임차인으로서는 책임이 없습니다. 며칠 전, 저희 집 주방의 수도관이 새기 시작했습니다. 제가 한 일은 집 주인에게 전화한 것뿐이었습니다. 그가 집으로 수리공을 불러서 고치도록 했습니다. 임차를 했기 때문에 저는 어떤 비용도 낼 필요가 없었습니다. 하지만 집 주인에게는 많은 수리 비용이 청구되었습니다.

| 어휘 | **responsibility** 책임   **leak** (물이) 새다, 유출하다   **repairperson** 수리공

모범 답변 2 (AL)

Own a Home 🎙 04-21

In my opinion, it's better to own a home than to rent one. For one thing, if you own a home, you'll take better care of it. My family owns our home, and we make sure to keep it in excellent condition. When something gets worn out, we replace it at once. If we rented a house, we probably wouldn't do that. A home is also an asset. We own our home, and it's worth a lot of money. So it can provide value for us if we ever sell it in the future.

제 생각에 집을 임차하는 것보다 소유하는 것이 더 낫습니다. 우선 집을 소유하면 관리를 더 잘하게 됩니다. 저희 가족은 집을 소유하고 있으며 좋은 상태로 집을 관리하려고 합니다. 무언가가 낡으면 즉시 교체를 합니다. 집을 임차한다면 아마도 그렇게 하지 않을 것입니다. 또한 집은 자산입니다. 우리는 집을 소유하고 있고 그것은 높은 가치를 가지고 있습니다. 차후에 집을 팔게 되면 집은 우리에게 경제적 가치를 제공해 줄 수 있습니다.

| 어휘 | **excellent** 뛰어난, 탁월한   **wear out** 닳다, 마모하다   **replace** 교환하다, 교체하다   **asset** 자산   **worth** 가치가 있는
provide 제공하다   **value** (경제적) 가치

Rent a Home 🎙 04-22

I prefer renting a home to owning one. For starters, I'm still young, so I don't have enough money to buy a house. I currently rent the apartment I live in. The monthly rent isn't expensive, so I can afford to live there. In addition, because I rent my home, it's easy for me to move. I'm still working on developing my career, so I might have to move to another city or country in the future. If I rent a home, moving elsewhere will be a simple task. It would be harder if I owned a home.

저는 집을 소유하는 것보다 임차하는 것을 선호합니다. 우선 저는 아직 젊기 때문에 제게는 집을 살 수 있는 정도의 돈이 없습니다. 저는 현재 아파트를 임차해서 살고 있습니다. 월세가 비싸지 않아서 그곳에서 살 수 있습니다. 게다가 제가 집을 임차하고 있기 때문에 이사하기도 쉽습니다. 저는 아직 경력을 쌓는 중이라 차후에 다른 도시나 다른 국가로 이사해야 할 수도 있습니다. 집을 임차하면 어디로 가더라도 이사가 쉬울 것입니다. 집을 소유하는 경우, 이사는 보다 힘들 것입니다.

| 어휘 | **monthly rent** 월세   **develop** 발전시키다   **simple** 간단한   **task** 일, 임무

Actual Test 05

Q1-2 | Read a text aloud

Question 1

IH 넘기 포인트
- 올해의 사원상 수상자를 발표하는 공지입니다. 수상자의 공로와 이름을 알리는 부분을 특히 강조해서 읽도록 합시다.
- we at Framingham Manufacturing과 this year's winner 처럼 다수의 단어로 이루어진 주어는 하나의 단위로 간주해서 읽습니다.

🎤 05-01

볼드: 강하게 읽기 ↗: 올려 읽기 ↘: 내려 읽기 /, //: 끊어 읽기

Each year, ↘/ we at **Framingham Manufacturing** / **present an award** to the **employee** / who **contributed** the most. ↘// This year's **winner** / works in the **Sales Department** ↗/ and **just established** a **record** for signing **new clients.** ↘// She recorded **sales** of more than **ten million dollars,** too. ↘// I'm pleased to **inform** you / that **Sara Miller** is **this year's employee** of the year. ↘

저희 Framingham Manufacturing에서는 매년 기여도가 가장 높은 직원에게 상을 드리고 있습니다. 올해의 수상자는 영업부에 근무하고 있으며 신규 고객 유치에 있어서 신기록을 세웠습니다. 또한 1천만 달러 이상의 실적을 기록하기도 했습니다. Sara Miller가 올해의 사원이라는 점을 알리게 되어 기쁘게 생각합니다.

|어휘| **award** 상 **contribute** 기여하다, 이바지하다 **establish** 설립하다, 세우다 **record** 기록하다 **employee of the year** 올해의 사원

Question 2

IH 넘기 포인트
- 교통 상황을 알리는 라디오 교통 방송의 안내 멘트입니다. 현재 교통 상황과 관련된 내용들을 정확히 알리도록 합니다.
- because, now that, so와 같이 인과관계를 나타내는 표현이 있으면 원인과 결과가 분명히 구분될 수 있도록 자연스럽게 끊어 읽도록 합시다.

🎤 05-02

볼드: 강하게 읽기 ↗: 올려 읽기 ↘: 내려 읽기 /, //: 끊어 읽기

It's time now / for the **WTRP Radio** morning traffic report with **Mark Thurman.** ↘// If you're **driving to work,** ↗/ it's your **lucky day** ↘/ because traffic is **moving briskly** almost **everywhere** downtown. ↘// Now that the subway line has **opened,** / there are **fewer vehicles** on the road during **rush hour,** / so **commuters** should be able to **reach** their **destinations faster** than usual. ↘

Mark Thurman과 함께하는 WTRP 라디오의 아침 교통 방송 시간입니다. 차를 몰고 출근 중이시라면, 거의 대부분의 중심가에서 교통이 원활하게 이루어지고 있으므로, 운이 좋은 날입니다. 지하철이 개통되어 혼잡 시간대에 도로에 있는 차량 수가 적어졌으며, 따라서 통근자들은 평소보다 빠르게 목적지에 도착할 수 있을 것입니다.

|어휘| **traffic** 교통, 교통량 **briskly** 빠르게 **now that** ~이므로 **vehicle** 차량, 탈 것 **rush hour** 혼잡 시간대 **commuter** 통근자 **destination** 목적지 **than usual** 평소보다

Q3-4 | Describe a picture

Question 3

IH 넘기 포인트 • 먼저 사진 속 중요 인물들의 관계를 파악한 후 각 인물의 행동이나 외모 등을 묘사합니다. 그런 다음에는 중요
인물이 아닌 사람들에 대해서도 언급하도록 합니다.

답변 전략 세우기

1 사진 속 인물들의 관계를 파악한다.
  • 식당에 온 4인 가족 (a family of four at a restaurant)

2 인물들의 동작이나 모습을 묘사한다.
  • 웃고 있는 엄마와 아빠 (the mom and dad are smiling)
  • 주문을 하고 있는 아들 (the son is ordering some food)
  • 줄무늬 셔츠를 입고 있는 딸 (the daughter is wearing a
    striped shirt)

3 기타 인물이나 사물들에 대해 설명한다.
  • 테이블에 앉아 있는 한 여성 (a woman sitting at a table)
  • 직원들이 있는 카운터 (a counter with workers)

모범 답변 1 (IH) 🎤 05-03

In this picture, there's a family of four at a restaurant. The mom and dad are smiling. The son is ordering some food from a menu. The daughter is wearing a striped shirt and is sitting at the table. The waitress is smiling. She's taking the boy's order by writing it on her notepad. Behind the family is a woman sitting at a table. She's looking down at something. A counter with workers behind it is in the background.

이 사진에는 식당에 온 4인 가족이 있습니다. 엄마와 아빠는 미소를 짓고 있습니다. 아들은 메뉴판에서 음식을 주문하고 있습니다. 딸은 줄무늬 셔츠를 입고 있으며 테이블에 앉아 있습니다. 여종업원은 미소를 짓고 있습니다. 그녀는 메모지에 주문을 적으면서 남자 아이의 주문을 받고 있습니다. 가족들 뒤쪽에는 한 여성이 테이블에 앉아 있습니다. 그녀는 무언가를 보고 있습니다. 뒤쪽에는 직원들이 있는 카운터가 있습니다.

| 어휘 | **striped** 줄무늬가 있는 **take an order** 주문을 받다 **notepad** 메모지

모범 답변 2 (AL) 🎤 05-04

This is a picture in a restaurant. Four people are seated at a table. There are two children and two adults. This must be a family enjoying a night out at a restaurant together. The boy is holding a menu and appears to be ordering some food. He's speaking with a waitress, who is standing and writing his order on a notepad. Behind the family, a woman is sitting at a table by herself. And behind her is a counter with a couple of people standing behind it. They are probably employees at the restaurant.

이 사진은 식당 내부의 사진입니다. 네 사람이 테이블에 앉아 있습니다. 두 명은 아동이고 두 명은 성인입니다. 한 가족이 식당에서 함께 저녁 시간을 보내고 있는 것이 틀림없습니다. 남자 아이는 메뉴판을 들고 음식을 주문하는 것처럼 보입니다. 아이는 여종업원에게 이야기를 하고 있는데, 여종업원은 서서 메모지에 주문 사항을 적고 있습니다. 가족 뒤쪽에는 한 여성이 혼자 자리에 앉아 있습니다. 그리고 그녀 뒤편에는 두어 명의 사람들이 서 있는 카운터가 있습니다. 그들은 아마도 식당 직원일 것입니다.

| 어휘 | **by oneself** 혼자서

IH 넘기 포인트 • 소수 인물 등장 사진에서는 개별적인 동작이나 상태를 묘사하는 것이 일반적이지만, 공통적인 동작을 묘사하며 답변할 수도 있습니다. 예를 들어, 모든 인물의 공통적인 동작, 또는 두 사람의 공통적인 동작을 묘사할 수 있습니다. 또한 사진의 상황을 추측해볼 수 있습니다.

답변 전략 세우기

1 모든 인물의 공통적인 동작과 상태를 묘사한다.
- 테이블 주위에 서 있는 동작 (standing around a table)
- 서로 웃으며 대화하는 동작 (talking and smiling)
- 캐주얼한 복장 상태 (dressed casually)

2 2인의 공통적인 동작을 묘사한다.
- 노트를 들고 있는 두 학생 (holding notebooks)

3 사진의 상황을 추측한다.
- 과제를 위해 만났을 것으로 추측 (doing a group project)

모범 답변 1 (IH) 🎤 05-05

This picture was taken in a library. Three students are standing around a table. The students are talking and smiling at one another. They're dressed casually as well. Two of the students are holding notebooks. On the table in front of them, there are some books as well as a laptop. Behind them are bookshelves that have many books. The students are probably doing a group project, so they decided to meet in the library.

이 사진은 도서관에서 촬영되었습니다. 세 명의 학생들은 테이블 주위에 서 있습니다. 학생들은 미소 지으며 서로 이야기하고 있습니다. 그들은 또한 캐주얼하게 입고 있습니다. 두 명의 학생은 노트를 들고 있습니다. 그들 앞에 있는 책상에는 몇 권의 책과 노트북 컴퓨터가 있습니다. 그들 뒤에 많은 책들이 있는 책장이 있습니다. 학생들은 아마도 그룹 조별 과제를 하려고 도서관에서 만나기로 결정했을 것입니다.

| 어휘 | **notebook** 노트, 공책 **bookshelf** 책꽂이

모범 답변 2 (AL) 🎤 05-06

I believe that this picture was taken in a university library. There are three students around a table. They're having a conversation with one another. Two of the students appear to be holding notebooks. They are all smiling, so they look happy. They're also dressed casually like students. There are some books and an open laptop on the table. In the background, I can see several shelves that are full of books. I suppose that these students came to the library to check out some books and to work together on a school project.

이 사진은 대학 도서관에서 촬영된 것이라고 생각합니다. 테이블 주위에 세 명의 학생이 있습니다. 그들은 서로 대화를 나누고 있습니다. 두 명의 학생은 노트를 들고 있는 것 같습니다. 그들은 웃고 있으므로, 기분이 좋아 보입니다. 그들은 학생들처럼 캐주얼하게 입고 있습니다. 테이블 위에는 몇 권의 책과 열려 있는 노트북이 있습니다. 뒤쪽에 책이 가득 꽂힌 몇 개의 선반이 있습니다. 학생들은 몇 권의 책을 대출하고 학교 과제를 함께 하려고 도서관에 모인 것 같습니다.

| 어휘 | **shelf** 선반 **several** 몇몇의 **suppose** 추측하다, 생각하다 **check out** (책을) 대출하다

Q5-7 | Respond to questions

Imagine that an American marketing firm is doing research in your country. You have agreed to participate in a telephone interview about traveling.

미국의 한 마케팅 회사가 당신 나라에서 설문 조사를 하고 있다고 가정해 봅시다. 당신은 여행에 관한 전화 인터뷰에 참여하겠다고 동의했습니다.

Question 5

| Where in your country would you like to go on your next vacation? | 다음 휴가 때 가 보고 싶은 국내 여행지는 어디입니까? |

IH 넘기 포인트　• 의문사 where를 이용한 질문이므로 가고 싶은 여행지를 명시하도록 합니다. 본인이 선택한 여행지의 특성이나 그 여행지를 선택한 이유를 간략히 언급해도 좋습니다.

키워드 떠올리기　go to the beach, popular beach in the city of Busan

모범 답변 1 (IH) 🎤 05-07

| The next time I have a vacation, I want to go to the beach. There is a beach in the city of Busan that is popular. I would love to go there. | 다음 번 휴가 기간에는 해변에 가고 싶습니다. 부산시에 유명한 해변이 있습니다. 저는 그곳에 가 보고 싶습니다. |

모범 답변 2 (AL) 🎤 05-08

| On my next vacation, I would like to visit a city named Gyeongju. It is in the southeastern part of South Korea, and it is a popular place with many travelers. | 다음 휴가 때에는 경주라는 도시를 방문하고 싶습니다. 한국의 동남쪽에 있는데, 많은 여행객들에게 인기가 높은 곳입니다. |

Question 6

| What activities would you like to do at that place? | 그곳에서 어떤 액티비티를 하고 싶으십니까? |

IH 넘기 포인트　• 본인이 선택한 여행지에서 할 수 있는 액티비티를 떠올려 봅시다.

키워드 떠올리기　swimming, relax on the beach, get a suntan

모범 답변 1 (IH) 🎤 05-09

| At the beach, I'd like to do some swimming. I'd also like to relax on the beach and get a suntan. I don't want to be too active at the beach. | 저는 해변에서 수영을 하고 싶습니다. 또한 해변에서 휴식을 취하면서 선탠도 하고 싶습니다. 해변에서 지나치게 활동적이고 싶지는 않습니다. |

| 어휘 | relax 쉬다　get a suntan 선택을 하다　active 활동적인

When I visit Gyeongju, I intend to see places of historical interest. Gyeongju is a very old city and has some sites that are centuries old. I am really looking forward to seeing them.

경주를 방문하면 역사적으로 흥미 있는 곳을 가볼 생각입니다. 경주는 매우 오래된 도시이며 수세기 전에 만들어진 유적지도 있습니다. 정말로 보고 싶습니다.

| 어휘 | **intend to** ~할 의도이다 **historical** 역사적인 **look forward to -ing** ~을 고대하다, ~을 기대하다

Question 7

Who would you prefer to go there with?	그곳에 누구와 함께 가고 싶으십니까?
· your family	· 가족
· your friends	· 친구
· yourself	· 혼자서

IH 넘기 포인트 · 보기 중에서 여행지에 같이 가고 싶은 사람(들)을 직접적으로 밝히도록 합니다. 그리고 그러한 사람을 왜 선택했는지에 관해서도 간략히 언급하는 것이 좋습니다.

키워드 떠올리기 with my friends, often talk about traveling together, get along well together, create many great memories

모범 답변 1 (IH) 🎙 05-11

I'd definitely prefer to visit the beach with my friends. We often talk about traveling together. If we can get vacation at the same time, we will go to the beach. We'll have a lot of fun because we get along well together. We'll also create many great memories that we can talk about in the future.

저는 정말로 친구들과 함께 해변에 가고 싶습니다. 우리는 종종 함께 여행하는 것에 대해 이야기를 합니다. 동시에 휴가를 보낼 수 있다면 우리는 해변으로 갈 것입니다. 함께 잘 어울려 놀기 때문에 매우 재미있는 시간이 될 것입니다. 또한 미래에 이야깃거리가 될 수 있는 멋진 추억들도 많이 만들게 될 것입니다.

| 어휘 | **at the same time** 동시에 **get along well** 잘 어울려 지내다 **create** 만들다, 창조하다 **memory** 기억, 추억 **in the future** 미래에

모범 답변 2 (AL) 🎙 05-12

I would prefer to visit Gyeongju with my family. I'm trying to get them interested in the history of my country. I believe it's very important to know history, so I have studied it a lot. I'd love to take them on a trip to Gyeongju. Then, I can act like a tour guide and tell them about the places we're seeing.

저는 가족과 함께 경주를 방문하고 싶습니다. 가족들이 우리 나라의 역사에 관심을 가지도록 노력할 것입니다. 역사를 아는 것은 매우 중요하다고 생각하기 때문에 저는 역사에 대해 많은 공부를 했습니다. 저는 가족들을 데리고 경주를 여행하고 싶습니다. 그러면 제가 여행 가이드 역할을 하면서 보고 있는 장소에 대해 이야기를 해 줄 수 있을 것입니다.

| 어휘 | **take ~ on a trip** ~을 여행에 데리고 가다 **act like** ~처럼 행동하다 **tour guide** 여행 가이드

Jackson Spring Music Festival

Mulberry Park
May 4-6

*May 4 Performance Schedule

Time	Location	Performer	Genre
10:00 A.M. – 11:30 A.M.	Outdoor Concert Grounds	Kevin Westboro	Country
11:00 A.M. – 1:00 P.M.	Main Amphitheater	The Jackson City Orchestra	Classical
12:00 P.M. – 3:00 P.M.	Outdoor Concert Grounds	Stark	Hip-Hop
1:30 P.M. – 4:00 P.M.	Main Amphitheater	Lisa Payne	New Wave
3:30 P.M. – 5:30 P.M.	Outdoor Concert Grounds	Sienna and the Tenth Street Band	Rock
4:30 P.M. – 6:30 P.M.	Main Amphitheater	The Poodles	Jazz
7:00 P.M. – 8:30 P.M.	Outdoor Concert Grounds	Kevin Tucker	Rock

Jackson 스프링 뮤직 페스티벌
Mulberry 공원
5월 4일–6일

* 5월 4일 공연 일정

시간	장소	출연	장르
10:00 A.M. – 11:30 A.M.	야외 공연장	Kevin Westboro	컨트리
11:00 A.M. – 1:00 P.M.	중앙 원형 극장	The Jackson City 오케스트라	클래식
12:00 P.M. – 3:00 P.M.	야외 공연장	Stark	힙합
1:30 P.M. – 4:00 P.M.	중앙 원형 극장	Lisa Payne	뉴웨이브
3:30 P.M. – 5:30 P.M.	야외 공연장	Sienna and the Tenth Street Band	록
4:30 P.M. – 6:30 P.M.	중앙 원형 극장	The Poodles	재즈
7:00 P.M. – 8:30 P.M.	야외 공연장	Kevin Tucker	록

|어휘| **amphitheater** 원형 극장　**outdoor** 야외의

Hello. My name is Lucy Sellers. I read about the Jackson Spring Music Festival online, but I don't know much about it. Would you please answer a couple of my questions?

안녕하세요. 제 이름은 Lucy Sellers입니다. 온라인으로 Jackson 스프링 뮤직 페스티벌에 대한 글을 읽었지만, 그에 대해 잘 모르겠어요. 두어 가지 질문에 답변해 주실 수 있으신가요?

Actual Test 05

When will there be a classical music performance on May 4?	5월 4일 클래식 공연은 언제 진행되나요?

IH 넘기 포인트　• classical music performance가 질문의 키워드이므로 일정표의 Genre 항목에서 클래식을 찾은 후 이와 관련된 내용을 바탕으로 질문에 답하도록 합니다.

관련 정보 찾기

11:00 A.M. – 1:00 P.M.	Main Amphitheater	The Jackson City Orchestra	Classical

모범 답변 1 (IH)　🎤 05-13

There will be one classical music performance then. The Jackson City Orchestra will play from 11:00 A.M. to 1:00 P.M at the main amphitheater.	그 날 한 차례의 클래식 공연이 있을 예정입니다. Jackson City 오케스트라가 오전 11시부터 오후 1시까지 중앙 원형 극장에서 연주를 할 것입니다.

모범 답변 2 (AL)　🎤 05-14

You can listen to classical music from 11:00 in the morning to 1:00 in the afternoon. The Jackson City Orchestra will give a performance at the main amphitheater.	오전 11시부터 오후 1시까지 클래식 음악을 들으실 수 있습니다. Jackson City 오케스트라가 중앙 원형 극장에서 공연을 할 예정입니다.

Question 9

I'm a big fan of the Poodles. I heard that they will be performing at the outdoor concert grounds at 12:00 P.M. Is that right?	저는 Poodles의 열렬한 팬입니다. 그들이 오후 12시에 야외 공연장에서 공연을 한다고 들었습니다. 맞나요?

IH 넘기 포인트　• Poodles라는 밴드 이름을 언급하고 있으므로 Performer 항목에서 해당 밴드를 찾아 그와 관련된 공연 장소, 공연 시간 등을 확인하도록 합시다.

관련 정보 찾기

4:30 P.M.– 6:30 P.M.	Main Amphitheater	The Poodles	Jazz

모범 답변 1 (IH)　🎤 05-15

No, that's not right. They're not playing at noon. They're playing from 4:30 to 6:30 P.M. And you can see their concert at the main amphitheater.	아니요, 그렇지 않습니다. 정오에 연주하지 않을 것입니다. 그들은 오후 4시 30분부터 6시 30분까지 연주할 것입니다. 그리고 공연은 중앙 원형 극장에서 감상하실 수 있습니다.

The Poodles will be performing on May 4, but you have the time and the location wrong. They'll play from 4:30 to 6:30 in the evening, and you can watch them perform at the main amphitheater.

Poodles가 5월 4일에 공연을 하기는 하지만, 알고 계신 시간과 장소는 잘못된 것입니다. 오후 4시 30분부터 6시 30분까지 공연할 것이며 공연은 중앙 원형 극장에서 감상하실 수 있습니다.

Question 10

I really love listening to rock music. Could you give me all of the information about the rock concerts at the festival?

저는 정말로 록 음악을 듣는 것을 좋아합니다. 페스티벌에서 록 공연과 관련된 모든 내용을 알려 주실 수 있으신가요?

IH 넘기 포인트

• 록이라는 장르의 음악 공연에 대해 묻고 있습니다. Genre 항목에서 록 음악은 두 번 등장하므로 각각의 공연에 관한 모든 정보를 빠짐없이 알려 주도록 합니다.

관련 정보 찾기

3:30 P.M.– 5:30 P.M.	Outdoor Concert Grounds	Sienna and the Tenth Street Band	Rock
7:00 P.M.– 8:30 P.M.	Outdoor Concert Grounds	Kevin Tucker	Rock

The first rock concert will run from 3:30 to 5:30. Sienna and the Tenth Street Band will sing at the outdoor concert grounds. Then, from 7:00 to 8:30 P.M., you can see Kevin Tucker perform at the same place.

첫 번째 록 공연은 3시 30분부터 5시 30분까지 진행될 예정입니다. Sienna and the Tenth Street Band가 야외 공연장에서 노래를 할 것입니다. 이후 오후 7시에서 8시 30분까지는 같은 장소에서 Kevin Tucker가 공연하는 것을 보실 수 있습니다.

There will be two rock concerts on May 4. From 3:30 to 5:30, Sienna and the Tenth Street Band will be giving a performance at the outdoor concert grounds. Then, in the final performance of the day, Kevin Tucker will perform. You can see his concert at the outdoor concert grounds.

5월 4일에는 두 차례의 록 공연이 예정되어 있습니다. 3시 30분부터 5시 30분까지는 Sienna and the Tenth Street Band가 야외 공연장에서 공연을 할 것입니다. 이후, 그날의 마지막 공연으로, Kevin Tucker가 공연을 할 것입니다. 그의 공연은 야외 공연장에서 관람하실 수 있습니다.

Q11 | Express an opinion

Do you agree or disagree with the following statement?
Thanks to technology, people have more free time now than they did in the past.
Give specific reasons or examples to support your opinion.

아래의 주장에 찬성하십니까, 아니면 반대하십니까?
과학 기술 덕분에 사람들은 과거보다 더 많은 자유 시간을 갖고 있다.
구체적인 이유나 예시로 의견을 뒷받침하세요.

IH 넘기 포인트
- 과학 기술이 개인의 여가에 미치는 영향에 대해 묻고 있습니다.
- 이러한 문제의 경우, 본인의 현재 상황이나 입장을 밝힘으로써 자신의 주장에 대한 근거를 제시할 수도 있습니다.

답변 전략 세우기

찬성 (Agree)	반대 (Disagree)
• 직장에서 과학 기술을 사용함 (use lots of technology at my job) • 일을 빨리 끝낼 수 있음 (can finish my work quickly) • 여가 시간이 많아짐 (gives me plenty of leisure time)	• 컴퓨터, 스마트폰, 인터넷과 같은 과학 기술을 사용함 (use technology such as computers, smartphones, and the Internet) • 일이 결코 끝나지 않음 (I never finish my work) • 심지어 과학 기술을 이용해서 주말에도 일을 해야 함 (even have to use technology to work on weekends)

모범 답변 1 (IH)

Agree 🎤 05-19

I think technology has given people more free time than they had in the past. I use lots of technology at my job. For example, I use computers and the Internet to do almost every aspect of my job. Thanks to them, I can finish my work quickly. As a result, I almost never have to work overtime. Instead, every evening at six, I go home. That gives me plenty of leisure time. And it's all due to technology.

저는 과학 기술로 인해 사람들이 과거보다 더 많은 자유 시간을 갖고 있다고 생각합니다. 저는 직장에서 많은 과학 기술을 사용합니다. 예를 들어 거의 모든 업무를 처리하는 데 컴퓨터와 인터넷을 사용합니다. 이들 덕분에 업무를 빨리 끝낼 수 있습니다. 따라서 야근을 해야 하는 경우가 거의 없습니다. 대신 저는 매일 저녁 6시에 퇴근을 합니다. 이로써 여가 시간이 많아집니다. 이는 모두 과학 기술 덕분입니다.

|어휘| **aspect** 측면　**work overtime** 야근하다, 특근하다　**leisure time** 여가　**due to** ~ 때문에

Disagree 🎤 05-20

I strongly disagree with this statement. Even though we have very much technology, we still don't have much free time. All day long, it seems like I work very hard. I use technology such as computers, smartphones, and the Internet. But I never finish my work. And I frequently have to stay late at the office. I even have to use technology to work on weekends. To me, it feels like I never have any free time.

저는 그러한 주장에 강력히 반대합니다. 많은 과학 기술이 있더라도 여전히 자유 시간은 그렇게 많지 않습니다. 저는 하루 종일 매우 열심히 일한다고 생각합니다. 컴퓨터, 스마트폰, 그리고 인터넷과 같은 과학 기술을 사용합니다. 하지만 업무를 결코 끝내지 못합니다. 그리고 종종 사무실에서 늦게까지 남아 있어야만 합니다. 심지어 과학 기술을 이용해 주말에도 일을 해야 합니다. 제게 자유 시간이 없는 것 같이 느껴집니다.

|어휘| **all day long** 하루 종일 **frequently** 빈번히, 종종

모범 답변 2 (AL)

Agree 🎤 05-21

I strongly agree that people have more free time nowadays than they did in the past thanks to technology. This is very true of housework. In the past, it took people a long time to clean their homes, wash the dishes, and do the laundry. However, thanks to modern technology, these don't take much time to do these days. I use a vacuum cleaner to clean the floors, put the dishes in the dishwasher, and do my laundry in my washer and dryer. Using these examples of modern technology has given me plenty of free time.

저는 과학 기술로 인해 사람들이 과거보다 더 많은 자유 시간을 갖게 되었다는 주장에 강력히 동의합니다. 집안일의 경우가 특히 그렇습니다. 과거에는 집안 청소, 설거지, 그리고 세탁에 많은 시간이 걸렸습니다. 하지만 현대의 과학 기술 덕분에 요즘에는 시간이 많이 걸리지 않습니다. 저는 진공 청소기를 사용하여 바닥을 청소하고 식기 세척기로 설거지를 하며 세탁기와 건조기로 세탁을 합니다. 이러한 현대 과학 기술의 사례들을 이용함으로써 제게는 많은 자유 시간이 생겼습니다.

|어휘| **laundry** 세탁 **dishwasher** 식기 세척기 **washer** 세탁기

Disagree 🎤 05-22

I don't think this statement is true. I have a job, and because of technology, I don't have much free time. Even when I'm not at work, my boss calls me on my smartphone, and I get e-mails from clients 24 hours a day. I have to answer the calls and respond to the e-mails, so that cuts down on my free time. This is different from the past. My father used to come home from work and do nothing until he returned to work the next morning. I believe technology has made people busier and decreased their free time.

저는 그러한 주장이 옳지 않다고 생각합니다. 저는 직장을 다니고 있는데, 과학 기술 때문에 자유 시간이 많지가 않습니다. 심지어 직장에 없을 때에도 상사는 제게 스마트폰으로 전화 연락을 하고 저는 하루 24시간 동안 고객으로부터 이메일을 받습니다. 저는 전화를 받아야 하며 이메일에도 답해야 하기 때문에 제 자유 시간은 줄어듭니다. 이는 과거와 다른 점입니다. 저희 아버지께서는 퇴근 후 집에 오셔서 다음 날 아침에 다시 출근하기 전까지 아무것도 하지 않으셨습니다. 저는 과학 기술이 사람들을 더 바쁘게 만들고 있으며 사람들의 자유 시간은 줄어들고 있다고 생각합니다.

|어휘| **respond** 응답하다 **cut down** ~을 줄이다, ~을 삭감하다 **decrease** 줄이다

Actual Test 06

Q1-2 | Read a text aloud

Question 1

IH 넘기 포인트
- 접속사 and가 있는 문장은 and가 무엇을 연결하고 있는지 확인하면서 읽도록 합시다. 아래의 담화에서는 seminars, presentations, workshops, other events가 and에 의해 연결되어 있습니다.
- 마지막 문장과 같이 긴 문장은 before가 이끄는 부사구 뒤에서, that이 이끄는 명사절 앞에서 각각 한 번씩 끊어 읽도록 합시다. 그리고 that이 이끄는 명사절 내에서는 주부와 술부를 구분해서 읽도록 합시다.

🎙 06-01

볼드: 강하게 읽기 ↗: 올려 읽기 ↘: 내려 읽기 /, //: 끊어 읽기

Thank you for **attending** / the **ninth annual conference** of the **International Society of Engineers**. ↘// During the **next three days**, ↗/ there will be numerous **seminars**, ↗/ **presentations**, ↘/ **workshops**, ↘/ and **other events** for participants. ↘// Before I introduce the **keynote speaker**, / let me **inform** you / that **events** scheduled for **Room 304** / will **instead** be held in the **small auditorium** / on the second floor. ↘

국제엔지니어협회의 제9회 콘퍼런스에 참석해 주셔서 감사합니다. 이후 3일 동안, 참가자분들을 위한 여러 세미나, 발표, 워크숍, 그리고 기타 행사들이 진행될 것입니다. 기조 연설자를 소개해 드리기에 앞서, 304호실에서 예정되어 있던 행사들은 2층에 위치한 소강당에서 진행될 것이라는 점을 먼저 알려 드립니다.

| 어휘 | **annual** 연례의 **numerous** 많은 **participant** 참가자 **keynote speaker** 기조 연설자 **auditorium** 강당

Question 2

IH 넘기 포인트
- 기록적인 실적 달성에 따른 보너스 지급을 알리는 사내 방송입니다. 보너스 대상과 보너스 금액이 정확히 전달될 수 있도록 해당 부분을 강조해서 읽는 것이 좋습니다.
- 관계대명사가 생략되어 있는 부분, 즉 the paychecks you received this Friday와 the number of years of service you have here은 하나의 단위로 생각하여 붙여 읽도록 합니다.

🎙 06-02

볼드: 강하게 읽기 ↗: 올려 읽기 ↘: 내려 읽기 /, //: 끊어 읽기

It's my pleasure to **inform** you / that we at **Vincent Manufacturing** recorded **record profits** last year. ↘// As such, / the **board of directors** has authorized a **bonus payment** / for **every full-time employee** at the company. ↘// The paychecks you **receive** this **Friday** / will contain an **extra** amount of **money** ↘/ which will be **determined** by the number of years of **service** / you have here. ↘

우리 Vincent Manufacturing이 작년에 기록적인 수익을 달성했다는 점을 알리게 되어 기쁘게 생각합니다. 그 결과, 이사회는 사내의 모든 정규직 직원들에게 보너스를 지급하기로 결정했습니다. 이번 금요일에 받으시는 급여에는, 이곳에서 여러분들이 일한 연수에 따라 결정되는, 추가적인 금액이 포함되어 있을 것입니다.

| 어휘 | **record profit** 기록적인 수익 **as such** 따라서, 그러므로 **board of directors** 이사회 **authorize** 허가하다, 승인하다 **bonus payment** 보너스, 상여금 **paycheck** 급료, 급여 **contain** 포함하다 **extra** 추가의

Q3-4 | Describe a picture

Question 3

IH 넘기 포인트 • 행사와 관련된 사진이 등장하면 먼저 어떤 행사인지 파악하고 인물들의 표정이나 분위기, 그리고 행사 장소 주변을 살피도록 합시다. 주변 상황이나 사물들을 통해 상상력을 발휘해도 좋습니다.

답변 전략 세우기

1 **어떤 행사인지, 그리고 행사의 분위기가 어떤지 먼저 파악한다.**
   • 모임 (a get-together)
   • 즐거운 시간을 보내고 있는 사람들 (they are having fun)

2 **주변 사물에 대해 묘사한다.**
   • 테이블 위에 놓여 있는 접시와 병 (some dishes and bottles are on the table)
   • 테이블보 (a tablecloth)
   • 전구 (some lights)

3 **단서를 통해 추론할 수 있는 사항들을 설명한다.**
   • 불 켜진 전구 (lights) → 야간 (nighttime)
   • 집 건물 (a house) → 뒷마당에서 이루어지고 있는 행사 (the event in a backyard)

모범 답변 1 (IH) 🎤 06-03

In this picture, I see several people sitting at a table. They are having a get-together, and they look like they are having fun. Some dishes and bottles are on the table. There is also a tablecloth covering the table. There are some lights on, so it must be nighttime. In addition, there is a house in the background. I think they are having the event in a backyard.

이 사진에서는 테이블에 앉아 있는 사람들을 볼 수 있습니다. 그들은 모임을 갖고 있으며 즐거운 시간을 보내고 있는 것 같습니다. 테이블 위에는 접시와 병이 있습니다. 또한 테이블을 덮고 있는 테이블보도 있습니다. 전구가 켜져 있기 때문에 분명 저녁 때일 것입니다. 아울러 뒤쪽에는 집이 있습니다. 저는 그들이 뒷마당에서 모임을 갖고 있는 것으로 생각합니다.

|어휘| **get-together** 모임 **dish** 접시 **tablecloth** 식탁보, 테이블보 **cover** 덮다 **nighttime** 밤, 야간 **backyard** 뒤뜰, 뒷마당

모범 답변 2 (AL) 🎤 06-04

There are six people seated around a long table. I believe they are having a family gathering because there are both old and young people. I can see some wine bottles on the table, so perhaps they are celebrating a special event. They are all smiling and appear to be enjoying themselves. It must be dark outside because there are a couple of strings of lights hanging above them. In addition, there is a house in the background, so they are most likely having the gathering at the home of one of the attendees.

기다란 테이블 주위에 6명의 사람들이 앉아 있습니다. 나이가 많은 사람과 적은 사람이 모두 있기 때문에 가족 모임을 하고 있는 것으로 생각됩니다. 테이블 위에는 와인 병이 보이므로 아마도 특별한 기념 행사를 하고 있을 것입니다. 모두 웃고 있으며 그들은 즐거운 시간을 보내고 있는 것처럼 보입니다. 위쪽으로 전구가 달려 있는 두어 개의 전선이 있기 때문에 틀림없이 밖은 어두울 것입니다. 또한 뒤편에 집 건물이 있으므로 아마도 한 참가자의 집에서 모임을 갖고 있을 것입니다.

|어휘| **gathering** 모임, 만남 **celebrate** 경축하다, 기념하다 **string** 끈 **hang** 매달리다 **attendee** 참석자

IH 넘기 포인트   • 야외 사진의 경우에는 공통적인 행동을 하고 있는 사람들이 등장하는 경우가 많습니다. 따라서, 인물들의 공통적인 행동을 먼저 묘사하도록 합니다. 날씨나 계절을 묘사하며 답변을 마무리할 수도 있습니다.

답변 전략 세우기

1 인물의 공통적인 행동을 묘사한다.
- 횡단보도를 건너는 사람들 (people crossing a street)
- 정장을 입고 있는 사람들 (wearing suits / dressed for work)

2 각각의 인물의 개별적인 행동을 묘사한다.
- 전화 통화 중인 남성 (one man is talking on his phone)
- 서류 가방을 들고 있는 남성 (the other is carrying a briefcase)
- 컵을 들고 있는 여성 (one woman is carrying a cup)

3 날씨나 계절 등을 묘사한다.
- 맑은 날씨 (bright, sunny day)
- 봄 또는 여름 (must be spring or summer)

모범 답변 1 (IH)   🎙 06-05

This is a picture showing four people crossing a street at a crosswalk. There are two men and two women. The men are wearing suits and ties. One man is talking on his phone, and the other is carrying a briefcase. The women are dressed for work. One woman is carrying a cup. I see some cars on the right side. It's a bright, sunny day. The trees have leaves, so it must be spring or summer there.

이것은 횡단보도로 길을 건너는 네 명의 사람들을 보여주는 사진입니다. 남성 두 명과 여성 두 명이 있습니다. 남성들은 정장을 입고 넥타이를 착용하고 있습니다. 한 남성은 전화 통화 중이며, 다른 한 명은 서류 가방을 들고 있습니다. 여성들은 근무에 적합한 옷을 입고 있습니다. 한 여성은 컵을 들고 있습니다. 오른쪽에서 차량들을 볼 수 있습니다. 맑고 화창한 날입니다. 나무에 잎들이 있으므로, 봄이나 여름일 것입니다.

|어휘| **crosswalk** 횡단보도   **briefcase** 서류 가방

모범 답변 2 (AL)   🎙 06-06

This picture was taken outdoors. There are four people crossing a street at a crosswalk. All four are wearing suits, so they're dressed for work. The man on the left is talking on his mobile phone. Both men are wearing neckties. One of the women is carrying a cup with some kind of beverage in it. On the right side, there are several vehicles driving on the street. I can see shadows on the ground, so it appears to be a bright, sunny day. The trees also have leaves, so this picture was probably taken in spring or summer.

이 사진은 야외에서 촬영되었습니다. 횡단보도로 길을 건너는 네 명의 사람들이 있습니다. 네 명 모두 정장을 입고 있으므로, 그들은 근무에 적합한 옷을 입고 있습니다. 왼쪽의 남성은 핸드폰으로 통화하고 있습니다. 두 남성 모두 넥타이를 착용하고 있습니다. 여자들 중 한 명은 어떤 종류의 음료가 담겨 있는 컵을 들고 있습니다. 오른쪽에는, 도로 위를 달리는 차량들이 있습니다. 지면에 그림자가 보이므로, 맑고 화창한 날인 것 같습니다. 또한 나무에 잎들이 있으므로, 이 사진은 아마도 봄이나 여름에 촬영되었을 것입니다.

|어휘| **outdoors** 야외에서   **beverage** 음료   **ground** 지면

Q5-7 | Respond to questions

Imagine that a friend is talking to you about leisure activities. You are having a telephone conversation about movies.

한 친구가 레저 활동에 대해 당신과 이야기하고 있다고 가정해 봅시다. 당신은 영화에 대해 전화로 이야기를 하고 있습니다.

Question 5

What kinds of movies do you usually watch?　　　　보통 어떤 종류의 영화를 관람하나요?

IH 넘기 포인트　• 좋아하는 영화 장르를 묻고 있습니다. 액션, 코미디, 로맨스 등의 분야 중에서 본인이 좋아하는 장르를 선택하도록 합시다. 구체적인 영화 제목을 언급해도 좋습니다.

키워드 떠올리기　action movies, superhero movies

모범 답변 1 (IH) 🎤 06-07

I love watching action movies. I especially like superhero movies. Movies like *Iron Man* and the *Avengers* are my style. I can't get enough of those movies.

저는 액션 영화를 매우 좋아합니다. 특히 슈퍼히어로 영화를 좋아합니다. *아이언맨*과 *어벤져스*와 같은 영화가 제 스타일입니다. 그러한 영화들은 아무리 봐도 질리지가 않습니다.

|어휘| **cannot get enough of** ~은 질리지가 않다, ~을 계속해서 즐길 수 있다

모범 답변 2 (AL) 🎤 06-08

I don't watch very many movies, but when I do, I prefer to see romantic comedies. I enjoy romance stories, but I also like laughing, so romantic comedy is the perfect genre for me.

저는 영화를 그다지 많이 보지는 않지만 영화를 볼 때에는 로맨틱 코미디를 선호합니다. 연애물을 좋아하지만 웃는 것도 좋아하기 때문에 제게는 로맨스 코미디가 딱 맞는 장르입니다.

|어휘| **prefer to** ~하는 것을 선호하다　**perfect** 완벽한

Question 6

How often do you go to the movie theater?　　　　얼마나 자주 영화관에 가나요?

IH 넘기 포인트　• 영화관에 가는 빈도를 묻고 있으므로 구체적인 횟수로 답하도록 합니다.

키워드 떠올리기　at least twice a month, on the weekend

모범 답변 1 (IH) 🎤 06-09

I go to the movie theater at least twice a month. My friends and I are huge fans of movies. We love having dinner together and then watching a film on the weekend.

저는 한 달에 최소한 두 번은 영화관에 갑니다. 제 친구와 저는 영화광입니다. 저희는 주말에 저녁을 함께 먹은 후 영화를 관람하는 것을 좋아합니다.

|어휘| **huge fan** 열렬한 팬

I probably go to the movie theater once every two or three months. The movie theater in my city isn't near my house, so I normally prefer to watch movies at my home.

저는 두 달이나 세 달에 한 번 꼴로 영화관에 가는 것 같습니다. 시내 영화관이 집에서 멀기 때문에 보통은 집에서 영화 보는 것을 선호합니다.

|어휘| **probably** 아마   **normally** 보통은

Question 7

What is the experience like when you watch a movie at the theater?

극장에서 영화를 볼 때 어떤 기분이 드나요?

IH 넘기 포인트 • 극장에서 느끼는 기분을 솔직하게 말하도록 합니다. 긍정적인 답변이 나올 수도 있고 부정적인 답변이 나올 수도 있습니다. 어떤 점 때문에 본인이 그렇게 느끼는지 그 이유에 대해서도 언급하도록 합니다.

키워드 떠올리기 the most comfortable seats, close to the screen, prefer the front row, laugh and cheer through the entire movie

모범 답변 1 (IH) 🎤 06-11

My local theater has the most comfortable seats. My friends and I always sit as close to the screen as possible. We prefer the front row because then the screen looks enormous. We laugh and cheer through the entire movie. And, of course, we eat snacks while watching the film. Overall, we simply have a great time at the theater.

근처 영화관에 정말로 안락한 좌석이 있습니다. 제 친구와 저는 항상 가능한 한 스크린과 가까운 자리에 앉습니다. 저희는 앞자리를 선호하는데, 그 이유는 화면이 거대하게 보이기 때문입니다. 저희는 상영 시간 내내 웃고 환호합니다. 그리고, 당연하게도, 영화를 보면서 간식을 먹습니다. 대체적으로 저희는 극장에서 매우 즐거운 시간을 보냅니다.

|어휘| **comfortable** 편안한   **as ~ as possible** 가능한 한 ~한   **row** 줄, 열   **enormous** 막대한, 거대한

모범 답변 2 (AL) 🎤 06-12

For me, the experience of watching a movie at the theater can be a bit overwhelming. The screen is so large, and the volume is often turned up very loud. The noise level can actually be a bit annoying at times because it can hurt my ears. However, I like sitting back and watching a film while enjoying some popcorn and cola, so the overall experience isn't too bad.

저로서는 영화를 관람할 때 가끔씩 약간 압도당하는 기분이 들기도 합니다. 스크린은 너무 크고 음량도 종종 너무 크게 설정되어 있습니다. 귀가 아플 수도 있기 때문에 실제로 소리 크기로 인해 다소 짜증날 때도 있습니다. 하지만 팝콘과 콜라를 먹으면서 등을 기대고 앉아 영화를 보는 것은 좋아하기 때문에, 전체적인 기분은 그다지 나쁘지 않습니다.

|어휘| **at times** 때때로

Steve Jordan, **Senior Manager**
Schedule for Tuesday, January 19

9:00 A.M. – 10:00 A.M.	Interview candidates for assistant manager position Meeting room 2
10:00 A.M. – 10:30 A.M.	International phone call with Hans Dietrich (Glomar Tech)
10:30 A.M. – 11:30 A.M.	Product Demonstration by Jane Wilson (Blair, Inc.) → postponed until February 8
11:30 A.M. – 12:00 P.M.	Annual performance review Room 298
12:00 P.M. – 1:30 P.M.	Lunch with Stephanie Lawrence (T.K. Metals) Hobson House
1:30 P.M. – 3:00 P.M.	Meeting with Jim Watts (R&D Department) Basement laboratory
3:00 P.M. – 4:00 P.M.	Conference call → postponed until January 21
4:00 P.M. – 6:00 P.M.	Interview candidates for assistant manager position Meeting room 3

Steve Jordan 차장

1월 19일 화요일 일정

9:00 A.M. – 10:00 A.M.	과장직 후보자들 면접 / 2회의실
10:00 A.M. – 10:30 A.M.	Hans Dietrich(Glomar Tech)와의 국제 전화 통화
10:30 A.M. – 11:30 A.M.	Jane Wilson(Blair 주식회사)의 제품 시연 → 2월 8일 이후로 연기됨
11:30 A.M. – 12:00 P.M.	연간 실적 검토 / 298호실
12:00 P.M. – 1:30 P.M.	Stephanie Lawrence(T.K. 금속)와 점심 식사 Hobson House
1:30 P.M. – 3:00 P.M.	Jim Watts(연구 개발부)와 회의 / 지하 연구실
3:00 P.M. – 4:00 P.M.	전화 회의 → 1월 21일 이후로 연기됨
4:00 P.M. – 6:00 P.M.	과장직 후보자들 면접 / 3회의실

| 어휘 | **candidate** 후보(자) **international** 국제의 **demonstration** 시연; 시위 **postpone** 미루다, 연기하다
conference call 전화 회의

Hi. This is Steve Jordan. I just flew back in from Toronto and don't have access to tomorrow's schedule right now. Would you mind answering some of my questions?

안녕하세요. 저는 Steven Jordan입니다. 조금 전에 토론토에서 돌아와서 지금으로서는 내일 일정을 확인할 수가 없습니다. 몇 가지 질문에 대답해 주실 수 있으신가요?

Who am I having lunch with tomorrow, and where will it be?	내일 점심은 누구와 먹게 될 것이며, 어디에서 먹게 되나요?

IH 넘기 포인트 · lunch(점심 식사)를 함께할 대상과 장소에 대해 묻고 있습니다.

관련 정보 찾기

12:00 P.M.– 1:30 P.M.	Lunch with Stephanie Lawrence (T.K. Metals) Hobson House

모범 답변 1 (IH) 🎙 06-13

You're having lunch with Stephanie Lawrence. She works at T.K. Metals. You'll be at Hobson House from 12:00 to 1:30.	Stephanie Lawrence와 점심을 드시게 됩니다. 그녀는 T.K. 금속에서 일합니다. Hobson House에서 12시에서 1시 30분까지 드시게 될 것입니다.

모범 답변 2 (AL) 🎙 06-14

You're going to have lunch with Stephanie Lawrence from T.K. Metals. You'll meet her at Hobson House and have lunch from noon until 1:30.	T.K. 금속의 Stephanie Lawrence와 점심 식사를 하시게 될 것입니다. Hobson House에서 만나 12시부터 1시까지 식사를 하시게 될 것입니다.

Question 9

I'm scheduled to interview job candidates just once tomorrow. Is that right?	내일은 한 차례만 후보자들을 면접할 예정입니다. 맞나요?

IH 넘기 포인트 · interview job candidates라는 어구에 착안하여 일정표 상 면접 일정에 대해 살펴보도록 합니다. 두 차례 예정되어 있으니 면접에 관한 정보를 정정해 주도록 합시다.

관련 정보 찾기

9:00 A.M. – 10:00 A.M.	Interview candidates for assistant manager position Meeting room 2
4:00 P.M.– 6:00 P.M.	Interview candidates for assistant manager position Meeting room 3

모범 답변 1 (IH) 🎙 06-15

No, you have the wrong information. You are interviewing candidates from 9:00 to 10:00 in the morning. Then, you'll do more interviews from 4:00 to 6:00 P.M.	아니요. 잘못된 내용입니다. 오전에는 9시부터 10시까지 후보자들을 면접하시게 됩니다. 그리고 오후 4시부터 6시까지 더 많은 면접이 예정되어 있습니다.

I'm sorry, but that's not correct. You're supposed to interview job candidates two times tomorrow. You're scheduled to do that from 9:00 to 10:00 A.M. and then from 4:00 to 6:00 P.M.

유감이지만 그렇지 않습니다. 내일은 두 차례 후보자들을 면접하시기로 되어 있습니다. 오전 9시부터 10시까지, 그리고 오후 4시부터 6시까지 면접하실 예정입니다.

Question 10

I believe that two activities on my schedule have been postponed. Could you give me the details about both of them?

일정표 상 두 가지 일정이 연기되었다고 알고 있습니다. 두 일정에 대해 자세히 알려 주시겠어요?

IH 넘기 포인트
• 화살표로 연기되었다고 표시된 일정을 찾아 일정의 구체적인 내용, 연기된 날짜 등에 대한 모든 사항을 빠짐없이 기술하도록 합니다.

관련 정보 찾기

10:30 A.M.– 11:30 A.M.	Product Demonstration by Jane Wilson (Blair, Inc.) → postponed until February 8
3:00 P.M.– 4:00 P.M.	Conference call → postponed until January 21

모범 답변 1 (IH) 🎤 06-17

The first postponed activity is the product demonstration by Jane Wilson. She works at Blair, Inc. It was scheduled for 10:30 to 11:30. It has been moved to February 8. The second one is the conference call scheduled for 3:00 to 4:00. It has been postponed until January 21.

연기된 첫 번째 일정은 Jane Wilson의 제품 시연회입니다. 그녀는 Blair 주식회사에서 일합니다. 10시 30분부터 11시 30분까지로 예정되어 있었습니다. 이는 2월 8일로 연기되었습니다. 두 번째 일정은 3시에서 4시까지로 예정되어 있던 전화 회의입니다. 이는 1월 21일 이후로 연기되었습니다.

모범 답변 2 (AL) 🎤 06-18

That's correct. You had a product demonstration scheduled for 10:30 to 11:30 A.M. Jane Wilson from Blair, Inc. was supposed to give it. It has been moved to February 8. And your afternoon conference call has been postponed as well. You don't have to do that until January 21.

맞습니다. 오전 10시 30분부터 11시 30분까지 예정된 제품 시연회가 있었습니다. Blair 주식회사의 Jane Wilson이 시연하기로 예정되어 있었습니다. 이는 2월 8일로 연기되었습니다. 그리고 오후의 전화 회의 또한 연기되었습니다. 이는 1월 21일 이후에 하시면 됩니다.

|어휘| **don't have to** ~할 필요가 없다

Actual Test 06

Q11 | Express an opinion

Do you agree or disagree with the following statement?
People should not be allowed to use their mobile phones on public transportation.
Give reasons and examples to support your answer.

아래의 주장에 찬성하십니까, 아니면 반대하십니까?
사람들은 대중 교통을 이용할 때 휴대 전화를 사용하지 말아야 한다.
이유와 예시로 답변을 뒷받침하십시오.

IH 넘기 포인트
• 반대 의견을 표시할 때에는 부정어구를 주동사와 함께 쓰도록 합니다. 즉 휴대 전화 사용을 반대하지 않는다는 의견을 나타내고자 할 경우, I believe it is not necessary to ban mobile phones라고 말하는 것보다 I don't believe it is necessary to ban mobile phones라고 말하는 것이 자연스럽습니다.

답변 전략 세우기

찬성 (Agree)	반대 (Disagree)
• 전화기를 사용하는 사람들은 다른 사람에게 방해가 됨 (people using their phones regularly disturb others) • 다른 사람의 통화 내용에 관심이 없음 (have no interest in hearing other people's conversations)	• 전화 사용 시 예의를 지켜 달라는 표식을 볼 수 있음 (see signs reminding people to be polite when using their phones) • 많은 사람들이 전화 예절을 지킴 (many people practice good cell phone etiquette)

모범 답변 1 (IH)

Agree 🎤 06-19

I agree with this statement and would love to see mobile phones banned on public transportation. People using their phones regularly disturb others. They may think they are speaking softly. But they usually speak quite loudly, so they disturb others. Plus, I have no interest in hearing other people's conversations. I would love to pass my time on the subway, train, or bus in silence. I could do that if mobile phones were banned on them.

저는 그러한 주장에 동의하며 대중 교통에서 휴대 전화 사용이 금지되기를 바랍니다. 전화기를 사용하는 사람들은 매번 다른 사람들에게 방해가 됩니다. 자신들이 조용히 통화한다고 생각할 수도 있습니다. 하지만 보통은 상당히 큰 소리로 통화를 하기 때문에 다른 사람들에게 방해가 됩니다. 게다가 저는 다른 사람의 통화 내용에 관심이 없습니다. 저는 지하철, 기차, 또는 버스에서 조용히 시간을 보내고 싶습니다. 휴대 전화가 금지된다면 그럴 수 있을 것입니다.

|어휘| **ban** 금지하다 **regularly** 정기적으로 **disturb** 방해하다 **silence** 조용함, 침묵

Disagree 🎤 06-20

I don't believe it's necessary to ban mobile phones on public transportation. I often use public transportation. I constantly see signs reminding people to be polite when using their phones. There are public announcements, too. Thanks to them, many people practice good cell phone etiquette. They speak softly into their phones and use headphones, too. They also use their phones in areas with few people. That way, they won't disturb too many other passengers.

저는 대중 교통에서 휴대 전화 사용을 금지시켜야 한다고 생각하지 않습니다. 저는 종종 대중 교통을 이용합니다. 저는 항상 전화기 사용 시 예의를 지켜야 한다는 점을 상기시키는 표지들을 보게 됩니다. 또한 안내 방송도 나옵니다. 그 덕분에 많은 사람들이 휴대 전화 에티켓을 잘 지킵니다. 전화기에 입을 대고 조용히 통화하고 헤드폰도 사용합니다. 또한 사람들이 거의 없는 장소에서 전화기를 사용합니다. 그럼으로써 많은 승객들에게 불편을 주지 않으려고 합니다.

| 어휘 | **necessary** 필요한　**constantly** 항상　**remind** 상기시키다, 기억나게 하다　**polite** 공손한, 예의 바른　**announcement** 안내
etiquette 예절, 에티켓

모범 답변 2 (AL)

Agree 🎤 06-21

I couldn't possibly agree more with this statement. I can't stand when people use their mobile phones on public transportation, so I believe they should be banned. When I commute between my home and work daily, I take the bus. On the bus, I like sleeping or just relaxing. However, there is almost always one person loudly talking on a mobile phone. Because of that person, I get stressed out since I cannot do what I want to. I would love it if the government banned the use of mobile phones on public transportation.

저는 그러한 주장에 전적으로 동의합니다. 사람들이 대중 교통을 이용할 때 휴대 전화를 사용하는 것은 참을 수가 없기 때문에 저는 휴대 전화 사용이 금지되어야 한다고 생각합니다. 저는 매일 버스로 출퇴근을 합니다. 버스에서는 잠을 자거나 휴식을 취합니다. 하지만 휴대 전화로 시끄럽게 통화를 하는 사람이 거의 항상 있습니다. 저는 그러한 사람 때문에 하고 싶은 것을 못하게 되어 스트레스를 받습니다. 저는 정부가 대중 교통에서 휴대 전화를 금지시켰으면 좋겠습니다.

| 어휘 | **couldn't agree more with** ~에 전적으로 동의하다　**stand** 참다, 견디다　**commute** 통근하다, 통학하다　**daily** 매일　**get stressed out** 스트레스를 받다

Disagree 🎤 06-22

I don't agree with this statement for a couple of reasons. First, I've seen many people using their phones on public transportation, but they don't disturb others. As an example, most people cover their mouths and speak softly into their phones. Others surf the Internet or play games silently on their phones. Second, in this modern age, people need mobile devices to do work. Banning people from doing their jobs on public transportation would harm too many individuals. I use my phone on the subway to speak with clients at times, so banning the usage of phones would negatively affect me.

저는 두 가지 이유로 그러한 주장에 반대합니다. 첫째, 저는 대중 교통에서 전화를 사용하는 사람들을 많이 보지만, 이들은 다른 사람에게 방해가 되지 않습니다. 한 예로, 대부분의 사람들은 입을 가린 채 전화기에 입을 대고 조용히 말을 합니다. 소리를 내지 않으면서 전화기로 인터넷 서핑을 하거나 게임을 하는 사람들도 있습니다. 둘째, 지금과 같은 현대에는, 일을 하기 위해 휴대 기기가 필요합니다. 대중 교통에서 사람들이 일을 하지 못하도록 금지시킨다면 너무도 많은 사람들에게 피해가 돌아갈 것입니다. 저는 때때로 지하철에서 전화로 고객들과 통화를 하기 때문에 전화기 사용이 금지된다면 저는 부정적인 영향을 받게 될 것입니다.

| 어휘 | **modern age** 현대　**device** 장치, 기기　**ban A from B** A가 B하는 것을 금지시키다　**harm** 피해를 입히다　**usage** 사용
negatively 부정적으로　**affect** 영향을 미치다

Actual Test 07

Q1-2 | Read a text aloud

Question 1

IH 넘기 포인트
- 오늘 날씨에 대해 이야기하고 있으므로 구체적인 날씨 상황을 나타내는 부분을 특히 강조해서 읽도록 합니다.
- 날씨 상황이 바뀌는 부분, 즉 but the sun으로 시작되는 문장과 when a short rain shower로 시작되는 절은 약간씩 끊어 읽으면 내용이 보다 명확히 전달될 수 있습니다.

🎙 07-01

볼드: 강하게 읽기 ↗: 올려 읽기 ↘: 내려 읽기 /, //: 끊어 읽기

Before we move on to **sports news**, ↗/ it's time for a **recap** of the day's **weather**. ↘// In the **morning**, ↗/ the skies were **cloudy**, / and there was a **threat** of rain. ↘// But the **sun** came out around **noon**, / and the **temperature** began **rising** then. ↘// The weather remained **pleasant** until **evening**, / when a short **rain shower fell** / over most of the city. ↘

스포츠 뉴스로 넘어가기 전에 오늘의 날씨를 말씀드리겠습니다. 오전에는 하늘이 흐렸고 비가 올 가능성이 있었습니다. 하지만 정오 무렵에는 햇빛이 비쳤고 기온이 오르기 시작했습니다. 저녁까지 계속 화창했지만, 이후로는 시 전체에 잠시 소나기가 내렸습니다.

|어휘| **recap** 요약, 개요 **temperature** 온도 **rain shower** 소나기

Question 2

IH 넘기 포인트
- 카드사의 ARS 멘트입니다. 각각의 경우에 어떤 번호를 눌러야 하는지 알 수 있도록 해당 부분을 명확히 읽도록 합시다.
- 조건을 나타내는 if절이 있는 문장을 읽을 때에는 조건절과 주절을 자연스럽게 끊어 읽도록 합니다.

🎙 07-02

볼드: 강하게 읽기 ↗: 올려 읽기 ↘: 내려 읽기 /, //: 끊어 읽기

Thank you for **contacting City Card**. ↘// If you are calling **regarding** your current **account balance**, / please **press one**. ↘// If you need to report a **stolen** or **missing card**, ↗/ you should **press** the **star** button. ↘// And if you would like to **speak** with one of our **operators**, ↗/ please **remain** on the **line** / until the next **available person** can **take your call**. ↘

City 카드에 전화해 주셔서 감사합니다. 계좌 잔액과 관련해서 전화를 하신 경우에는 1번을 눌러 주십시오. 카드 도난 및 분실 신고를 하셔야 하는 경우에는 별표 버튼을 눌러 주십시오. 상담원과 이야기를 하고자 하시는 경우에는 다음 상담원이 귀하의 전화를 받을 수 있을 때까지 전화를 끊지 말고 기다려 주시기 바랍니다.

|어휘| **regarding** ~와 관련하여 **current account balance** 계좌 잔고 **operator** 교환원 **on the line** 통화 중인

Q3-4 | Describe a picture

Question 3

IH 넘기 포인트 ・ 배경이 중심인 사진이 등장하면 사진의 구도를 살핀 후 공간을 적절하게 분할하여 각각의 공간의 특징을 묘사할 수도 있습니다.

답변 전략 세우기

1 배경이 된 곳이 어딘지 밝힌다.
   ・ 마을 광장 (a town square)

2 사진의 상하좌우를 살핀 후 부각되는 것이 무엇인지 찾아 묘사한다.
   ・ 왼쪽에 있는 넓고 개방된 공간 (a large, open area on the left-hand side)
   ・ 오래된 다수의 건물들 (many old buildings)
   ・ 테이블과 파라솔 (umbrellas above the tables)

3 인물이 등장하면 인물들의 행동이나 모습도 부가적으로 설명한다.
   ・ 걸어가는 사람들 (some people are walking)
   ・ 자전거를 타고 있는 사람 (one person is riding a bicycle)
   ・ 테이블에 앉아 있는 사람들 (some people sitting at tables)

모범 답변 1 (IH) 🎤 07-03

This is a picture of a town square. There is a large, open area on the left-hand side of the picture. Some people are walking in it. One person is riding a bicycle. On the right-hand side of the picture, there are many old buildings. They have three or four floors as well as steep roofs. I can also see some people sitting at tables. There are umbrellas above the tables.

이 사진은 마을 광장의 사진입니다. 사진의 왼쪽에는 넓고 개방된 장소가 있습니다. 그곳에서는 몇 명의 사람들이 걸어가고 있습니다. 한 사람은 자전거를 타고 있습니다. 사진의 오른쪽에는 오래된 건물들이 다수 있습니다. 건물들은 3층이나 4층으로 되어 있고 가파른 지붕도 갖추고 있습니다. 테이블에 앉아 있는 사람들도 볼 수 있습니다. 테이블 위로는 파라솔이 있습니다.

| 어휘 | **square** 사각형; 광장   **ride a bicycle** 자전거를 타다   **steep** 가파른   **roof** 지붕   **umbrella** 우산, 파라솔

모범 답변 2 (AL) 🎤 07-04

In my opinion, this picture was taken somewhere in Europe. There are many buildings, and they appear very old. The buildings are all at least three stories high. They have very steep roofs as well. The buildings are facing a broad open area. There is a raised area in the middle with a statue on a high pedestal. To the right, there are some covered areas with tables. People are sitting at the tables and may be dining at them. In the open area, I can also see some people walking as well as one cyclist

제 생각에 이 사진은 유럽의 어딘가에서 촬영된 것 같습니다. 많은 건물들이 있는데, 이들은 매우 오래되어 보입니다. 모든 건물들이 최소 3층 높이입니다. 또한 매우 가파른 지붕도 갖추고 있습니다. 건물들은 넓고 개방된 장소를 향해 있습니다. 중앙에는 솟아 오른 장소가 있으며 이곳에는 높은 받침대 위에 조각이 세워져 있습니다. 오른쪽에는 테이블이 마련되어 있는 장소가 있습니다. 테이블에는 사람들이 앉아 있는데 이들은 식사를 하고 있을 수도 있습니다. 개방된 장소에서는 자전거를 타고 있는 사람뿐만 아니라 걷고 있는 사람들도 볼 수 있습니다.

| 어휘 | **story** 층   **face** 얼굴; 마주하다   **statue** 조각상   **pedestal** 받침대   **dine** 식사를 하다   **cyclist** 자전거를 타는 사람

IH 넘기 포인트 · 다수 인물 사진에서 한 사람만 다른 행동을 하고 있을 경우에는 이를 묘사하는 것으로 답변을 시작하도록 합니다. 인물들의 관계를 추측하여 답변하는 것도 좋은 방법입니다. 인물을 묘사한 다음에는 사진 속의 사물들도 묘사하도록 합니다.

답변 전략 세우기

1 한 사람만 다른 행동을 하고 있으므로 이를 비교하여 묘사한다.
- 한 사람만 서 있음 (one person is standing)
- 다른 사람들은 앉아 있음 (the others are sitting)

2 주변 사물들을 묘사한다.
- 테이블 위에 있는 문서들 (some documents on the table)
- 내용이 작성된 화이트 보드 (a whiteboard / some writing on it)

3 인물들의 관계를 추측하여 답변한다.
- 직장 동료일 것으로 추측 (it looks like they're coworkers)

모범 답변 1 (IH) 🎤 07-05

I see five people in a meeting room. One person is standing, and the others are sitting. The woman standing is giving another person a paper. There are some documents on the table. I can see a couple of electronic devices on the table. Behind the woman standing is a whiteboard. It has some writing on it and some papers taped to it. It looks like they're coworkers who are having a meeting about something.

회의실에 있는 다섯 명의 사람이 보입니다. 한 사람은 서 있고, 다른 사람들은 앉아 있습니다. 서 있는 여성은 다른 한 명에게 서류를 건네고 있습니다. 테이블 위에는 몇몇 문서들이 있습니다. 두 대의 전자기기가 보입니다. 서 있는 여성 뒤에는 화이트보드가 있습니다. 거기에는 약간의 작성된 내용들이 있으며 종이들이 붙어 있습니다. 그들은 무엇인가에 대해 회의하는 동료들인 것으로 보입니다.

|어휘| **meeting room** 회의실 **document** 서류, 문서 **electronic device** 전자기기 **tape** 붙이다

모범 답변 2 (AL) 🎤 07-06

This picture shows a meeting room. Four people are seated around a table while one person is standing at the head of the table. I think the woman standing is leading the meeting. She's giving a paper to a person sitting on the left. Two men are on the right. Each is holding a pen. On the table, there are many papers spread out. Those papers probably have information about the meeting. In the background, a whiteboard has some papers taped to it and some writing on it. These people are probably having a meeting about a work project.

이 사진은 회의실을 보여주고 있습니다. 네 명의 사람들이 테이블에 둘러 앉아 있고 한 사람은 테이블의 상석 쪽에서 있습니다. 서 있는 여성이 회의를 이끌고 있는 것 같습니다. 그녀는 왼쪽에 앉아 있는 사람에게 문서를 전달하고 있습니다. 오른쪽에 두 명의 남성이 있습니다. 각자 펜을 들고 있습니다. 테이블 위에는 많은 서류들이 펼쳐져 있습니다. 이 서류들은 아마도 회의에 대한 정보를 담고 있을 것입니다. 뒤쪽에는 화이트보드에 몇 장의 문서가 붙어 있으며 보드에는 작성된 것들이 있습니다. 이 사람들은 아마도 업무 프로젝트에 대한 회의를 하고 있는 것 같습니다.

|어휘| **the head of the table** 테이블의 상석 **spread out** 펼쳐지다

Q5-7 | Respond to questions

Imagine that an American marketing firm is doing research in your country. You have agreed to participate in a telephone interview about restaurants.

미국의 한 마케팅 회사가 당신 나라에서 설문 조사를 하고 있다고 가정해 봅시다. 당신은 식당에 관한 전화 인터뷰에 참여하겠다고 동의했습니다.

Question 5

Where is your favorite restaurant, and what do you like to order there?	가장 좋아하는 식당은 어디이며 그곳에서 무엇을 주문하십니까?

IH 넘기 포인트 • 좋아하는 식당과 그 식당의 메뉴에 대해 묻고 있습니다. 먼저 식당의 종류나 식당의 위치를 밝히고 선호하는 메뉴를 이야기하도록 합니다.

키워드 떠올리기 a buffet restaurant, always order buffet dinner

모범 답변 1 (IH) 🎤 07-07

There is a buffet restaurant located near my workplace. It is my favorite place to eat. Whenever I go there, I always order the buffet dinner.	직장 근처에 뷔페 식당이 하나 있습니다. 그곳이 제가 가장 좋아하는 식당입니다. 그곳에 갈 때마다 저는 항상 뷔페식으로 저녁을 먹습니다.

|어휘| **workplace** 일터, 직장

모범 답변 2 (AL) 🎤 07-08

My favorite restaurant is a small place located in my neighborhood. I go there to have dinner at least once a week. When I visit it, I usually order a steak dinner.	제가 가장 좋아하는 식당은 집 근처에 위치한 작은 식당입니다. 적어도 일주일에 한 번은 그곳에서 저녁 식사를 합니다. 그곳에 방문하면 저는 대개 스테이크 요리를 주문합니다.

Question 6

What makes that restaurant so special?	그 식당이 특별한 이유는 무엇입니까?

IH 넘기 포인트 • 언급한 식당을 좋아하는 이유나 그 식당의 특징에 대해 언급하도록 합시다.

키워드 떠올리기 food from around the world, many unique types of food

모범 답변 1 (IH) 🎤 07-09

The restaurant is special because it serves food from around the world. It has food from Europe, America, Asia, and even Africa. So I can sample many unique types of food.	그 식당은 전 세계 요리를 제공하기 때문에 특별합니다. 그곳에는 유럽, 아메리카, 아시아, 그리고 아프리카 음식들도 있습니다. 그래서 독특한 종류의 음식을 맛볼 수가 있습니다.

|어휘| **sample** 맛보다 **unique** 독특한, 특별한

모범 답변 2 (AL) 🎤 07-10

The restaurant is special for two reasons. First, the food the chef prepares tastes delicious. Second, the service is outstanding, so the wait staff makes every diner there feel special.

그 식당은 두 가지 이유로 특별합니다. 첫째, 주방장이 요리하는 음식 맛이 좋습니다. 둘째, 서비스가 훌륭해서 종업원들 때문에 그곳의 모든 요리가 특별하게 느껴집니다.

|어휘| **chef** 주방장 **delicious** 맛이 있는 **outstanding** 뛰어난, 탁월한 **wait staff** 종업원들

Question 7

Is that restaurant a good place to take a friend to eat? Why or why not?

그 식당은 친구를 데리고 가서 같이 식사하기에 좋은 곳입니까? 그렇다면 혹은 그렇지 않다면 그 이유는 무엇입니까?

IH 넘기 포인트 · 다른 사람과 동반해서 가기에 좋은 식당인지 묻고 있습니다. 그에 대한 여부를 밝힌 후 본인이 그렇게 생각하는 이유에 대해 상세히 설명하도록 합니다.

키워드 떠올리기 don't like to spend much money, pretty expensive, a great place to go on a special occasion

---

모범 답변 1 (IH) 🎤 07-11

The restaurant isn't really a good place to take a friend to eat. When I go out to dinner with my friends, we don't like to spend much money. But this buffet restaurant is pretty expensive. It's a great place to go on a special occasion. However, if I just want a meal with my friend, it's not a good place to eat at.

사실 그 식당은 친구를 데리고 가기에 좋은 곳은 아닙니다. 친구들과 저녁을 먹으러 가는 경우라면 많은 돈을 쓰고 싶지가 않습니다. 하지만 이곳 뷔페는 가격이 꽤 나갑니다. 특별한 경우에 가기에 좋은 장소입니다. 하지만 친구와 함께 단순히 식사를 하고자 하는 경우라면 이곳은 식사를 하기에 좋은 장소가 아닙니다.

|어휘| **expensive** 비싼 **special occasion** 특별한 경우

모범 답변 2 (AL) 🎤 07-12

I believe that restaurant is a great place to take a friend to eat. First, it's not too formal, so you don't have to get dressed up to eat there. In addition, the prices aren't high, so you don't have to spend too much money. Finally, the restaurant is near my house, so after we have dinner, my friend and I can walk to my house and hang out there for a while.

저는 그 식당이 친구를 데리고 가서 같이 식사하기에 좋은 장소라고 생각합니다. 첫째, 그곳은 그다지 격식을 차리지 않는 곳이기 때문에 식사를 하기 위해 옷을 차려 입어야 할 필요가 없습니다. 또한 가격도 높지 않아서 지나치게 많은 돈을 쓸 필요도 없습니다. 마지막으로 그 식당은 저희 집 근처에 있기 때문에 저녁 식사를 한 후 친구와 저는 걸어서 저희 집에 온 다음 잠깐 집에서 놀 수도 있습니다.

|어휘| **formal** 형식적인, 격식을 차린 **get dressed up** 옷을 차려 입다 **spend** 쓰다, 소비하다 **hang out** 어울려 놀다 **for a while** 잠시 동안

Desmond Art Institute
Introduction to Oil Painting Class Schedule

Date	Time	Topic	Notes
July 2	1:00 – 3:00 P.M.	The basics of oil painting	Purchase materials
July 5	4:00 – 6:00 P.M.	Still-lifes	
July 9	1:00 – 3:00 P.M.	Landscapes	At Salisbury Park
July 12	4:00 – 6:00 P.M.	Portraits	
July 16	1:00 – 3:00 P.M.	Impressionism	
July 19	4:00 – 6:00 P.M.	Realism	
July 23	1:00 – 3:00 P.M.	Animals	At the Richmond Zoo
July 25	4:00 – 6:00 P.M.	Advanced techniques	Awards ceremony

Desmond 미술 학원
유화 초급반 시간표

날짜	시간	주제	참고
7월 2일	1:00 – 3:00 P.M.	유화의 기초	재료 구입요
7월 5일	4:00 – 6:00 P.M.	정물화	
7월 9일	1:00 – 3:00 P.M.	풍경화	Salisbury 공원에서 진행
7월 12일	4:00 – 6:00 P.M.	초상화	
7월 16일	1:00 – 3:00 P.M.	인상주의	
7월 19일	4:00 – 6:00 P.M.	사실주의	
7월 23일	1:00 – 3:00 P.M.	동물	Richmond 동물원에서 진행
7월 25일	4:00 – 6:00 P.M.	고급 기법	시상식

Actual Test 07

|어휘| oil painting 유화 basics 기초, 기본 still-life 정물화 portrait 초상화

Good afternoon. My friend told me about the oil painting class at the Desmond Art Institute, and I'm interested in learning more about it. Would you mind answering some questions?

안녕하세요. 제 친구에 Desmond 미술 학원의 유화 수업에 대해 이야기해 주었는데, 그에 대해서 더 알아보고자 합니다. 몇 가지 질문에 대답해 주실 수 있으신가요?

Will there be a class on portraits? When will that class be held?	초상화 수업이 있나요? 그 수업은 언제 진행되나요?

IH 넘기 포인트 • 질문의 핵심 어구가 a class on portraits이므로 Topic 항목에서 초상화를 찾아 그와 관련된 내용을 이야기하도록 합시다.

관련 정보 찾기

July 12	4:00 – 6:00 P.M.	Portraits	

모범 답변 1 (IH) 🎤 07-13

Yes, there will be a portrait class. It's going to start at 4:00 and finish at 6:00 in the evening. It will be held on July 12.	네, 초상화 수업이 있습니다. 4시에 시작해서 저녁 6시에 종료됩니다. 7월 12일에 진행될 예정입니다.

모범 답변 2 (AL) 🎤 07-14

Yes, the instructor will teach a class on portraits. That class is going to be held on July 12 from 4:00 to 6:00 P.M. It will be the fourth class in the course.	네, 강사분께서 초상화에 대한 수업을 하실 것입니다. 이 수업은 7월 12일 오후 4시부터 6시까지 진행될 예정입니다. 전체 과정 중 네 번째 수업입니다.

|어휘| **instructor** 강사

I was told that there won't be a class on Impressionism. Is that true?	인상주의에 관한 수업은 없을 것이라고 들었습니다. 맞나요?

IH 넘기 포인트 • Topic 항목에서 Impressionism을 찾을 수 있으니 상대방이 잘못 알고 있는 정보를 바로잡아 주도록 합니다.

관련 정보 찾기

July 16	1:00 – 3:00 P.M.	Impressionism	

모범 답변 1 (IH) 🎤 07-15

No, that's false. You were told the wrong information. There is one class on Impressionism. It is on July 16 from 1:00 to 3:00 P.M.	아니요, 그렇지 않습니다. 잘못된 내용을 들으셨군요. 인상주의와 관련된 수업이 하나 있습니다. 7월 16일 오후 1시부터 3시에 있습니다.

모범 답변 2 (AL) 🎤 07-16

No, the person who told you that was wrong. There will be a class in which Impressionism is taught. You can learn about it on July 16 from 1:00 to 3:00 in the afternoon.	아니요, 말씀하신 분이 잘못 아신 것입니다. 인상주의를 다룰 수업이 있을 예정입니다. 7월 16일 오후 1시부터 3시까지 그에 대해 배우실 수 있습니다.

My friend said that two classes will not be taught at the institute. Could you let me know the details about those two classes?

두 개의 수업은 학원에서 이루어지지 않을 것이라고 제 친구가 말해 주었습니다. 두 수업에 대해 자세히 알려 주실 수 있으신가요?

IH 넘기 포인트
- 학원에서 이루어지지 않는 수업이란 곧 야외에서 이루어지는 수업을 뜻합니다. 따라서 참고란에 At Salisbury Park, At the Richmond Zoo라고 적혀 있는 수업에 대해 상세히 이야기하도록 합시다.

관련 정보 찾기

July 9	1:00 – 3:00 P.M.	Landscapes	At Salisbury Park
July 23	1:00 – 3:00 P.M.	Animals	At the Richmond Zoo

모범 답변 1 (IH) 🎤 07-17

On July 9, you will study landscapes from 1:00 to 3:00 in the afternoon. That class is scheduled to be at Salisbury Park. The other class will be held on July 23. It will last from 1:00 to 3:00. It will be at the Richmond Zoo, and it will be about animals.

7월 9일 오후 1시부터 3시까지 풍경화에 대해 배우시게 될 것입니다. 이 수업은 Salisbury 공원에서 진행될 예정입니다. 다른 수업은 7월 23일에 진행될 것입니다. 1시부터 3시까지 진행될 예정입니다. 이는 Richmond 동물원에서 진행될 것이며 동물에 관한 수업이 될 것입니다.

모범 답변 2 (AL) 🎤 07-18

Sure. The first class to be taught at a different location will be the class on July 9 from 1:00 to 3:00 P.M. It is a landscape class and will take place at Salisbury Park. The second class will take place at the Richmond Zoo. The topic is animals, and it will be on July 23 from 1:00 to 3:00 in the afternoon.

물론입니다. 다른 장소에서 진행될 첫 번째 수업은 7월 9일 오후 1시부터 3시까지의 수업입니다. 풍경화 수업으로서 Salisbury 공원에서 진행될 예정입니다. 두 번째 수업은 Richmond 동물원에서 진행될 것입니다. 수업 주제는 동물로, 7월 23일 오후 1시부터 3시까지 진행될 예정입니다.

|어휘| **take place** 일어나다, 발생하다

Q11 | Express an opinion

Do you prefer to make purchases with cash or with credit cards? Why? Use specific reasons and examples to support your answer.	현금 결제를 선호하십니까, 아니면 신용 카드 결제를 선호하십니까? 그 이유는 무엇입니까? 구체적인 이유와 상세한 예시로 답변을 뒷받침하십시오.

IH 넘기 포인트
- 현금 사용을 선호하는지 신용 카드 사용을 선호하는지 묻고 있습니다. 본인이 선택한 결제 수단의 장점을 언급해 보도록 합시다.
- 인과 관계를 이용하여, 즉 원인과 결과를 제시함으로써 보다 논리적인 답변을 만들어 봅시다.

답변 전략 세우기

현금 (Cash)	신용 카드 (Credit Cards)
• 얼마를 소비하고 있는지 정확히 알 수 있음 (know exactly how much I am spending) • 돈이 얼마나 남았는지 알 수 있음 (know how much money I have left over)	• 온라인에서 많은 제품을 구입하는 편임 (make a large number of purchases online) • 결제가 용이 (paying for everything is easy)

모범 답변 1 (IH)

Cash 🎙07-19

I prefer to make purchases with cash. Cash is extremely convenient. When I use cash, I know exactly how much I am spending. More importantly, I know how much money I have left over. As a result, I never overspend when I use cash. Thanks to this good habit, I have saved a large amount of money over the years. Because of that, I can afford to purchase expensive items from time to time.	저는 현금으로 구매하는 것을 선호합니다. 현금은 매우 편리합니다. 현금을 사용하면 제가 얼마를 소비하고 있는지 정확히 알 수 있습니다. 보다 중요한 것은 돈이 얼마나 남았는지를 알게 된다는 점입니다. 그 결과, 현금을 사용하면 결코 과소비를 하지 않습니다. 이러한 좋은 습관 덕분에 저는 몇 해 동안 많은 돈을 모았습니다. 이 때문에 저는 가끔 비싼 물건들을 살 수 있습니다.

|어휘| **convenient** 편리한 **overspend** 초과 지출을 하다, 과소비하다 **habit** 습관 **save** 절약하다, 저축하다 **from time to time** 이따금씩, 가끔씩

Credit Cards 🎤 07-20

In my opinion, credit cards are much better for making purchases than cash. I make a large number of purchases online. If I use my credit card, paying for everything is easy. If I want to use cash, I have to make a bank transfer. That can take a long time and is very inconvenient. By using a credit card, I can make purchases instantly. As a result, I get all of the items that I want.

제 생각에는 현금보다 신용 카드로 구매를 하는 것이 훨씬 더 낫습니다. 저는 온라인으로 자주 구매를 합니다. 신용 카드를 사용하면 모든 결제가 쉽습니다. 현금을 사용하고자 한다면 계좌 이체를 해야 합니다. 그러면 시간이 많이 걸릴 수 있고 매우 불편합니다. 신용 카드를 사용함으로써 저는 즉시 결제를 할 수가 있습니다. 그래서 원하는 물건을 모두 구입할 수 있습니다.

| 어휘 | **a large number of** 다수의, 많은   **bank transfer** 계좌 이체, 송금   **inconvenient** 불편한   **instantly** 즉시

모범 답변 2 (AL)

Cash 🎤 07-21

I'm the kind of person who prefers to pay for purchases with cash rather than with credit cards. By using cash to buy things, I only spend money that I have. That way, I can avoid going into debt. In the past, I used to pay for items with credit cards all the time. However, I suddenly got in a lot of debt. Ever since then, I quit using my credit cards and only pay for my purchases with cash. Because of that, I'm much more responsible with money and no longer have any debt.

저는 신용 카드보다 현금으로 결제하는 것을 선호하는 편입니다. 물건을 살 때 현금을 사용하면 수중에 가지고 있는 돈에서만 지출을 하게 됩니다. 그럼으로써 빚을 지지 않을 수 있습니다. 저는 과거에 항상 신용 카드로 결제를 하곤 했습니다. 하지만 갑자기 많은 빚을 지게 되었습니다. 그 이후로 저는 신용 카드 사용을 중지하고 현금으로만 결제를 하고 있습니다. 그 덕분에 보다 책임감 있게 돈을 쓰며 더 이상 빚을 지고 있지 않습니다.

| 어휘 | **go into debt** 빚을 지다   **used to** ~하곤 했다   **all the time** 항상   **quit** 그만두다, 중지하다   **responsible** 책임감이 있는
no longer 더 이상 ~않다

Credit Cards 🎤 07-22

I almost never pay for items with cash but instead prefer credit cards to make my purchases. First, I dislike carrying large amounts of cash with me. One of my friends got robbed last month, and the thief took all of her cash. If I don't carry any cash, then I can't get robbed. In addition, I sometimes make large purchases which I can't afford to pay for in full. Thanks to my credit card, I can pay in monthly installments. That enables me to get expensive items despite not having enough money to pay for them.

저는 현금으로 결제를 하는 경우가 거의 없고 대신 신용 카드를 사용하여 구매하는 것을 선호합니다. 먼저, 저는 많은 액수의 현금을 가지고 다니는 것을 싫어합니다. 제 친구 중 한 명이 지난 달에 도둑을 맞았는데, 도둑이 모든 현금을 가져갔습니다. 현금을 가지고 다니지 않으면 도둑맞을 일이 없습니다. 게다가 저는 한 번에 결제할 수 없는 금액으로 구매를 할 때가 있습니다. 신용 카드 덕분에, 저는 할부로 결제를 할 수가 있습니다. 따라서 가지고 있는 금액이 충분하지 않더라도 비싼 물건을 구입할 수 있습니다.

| 어휘 | **rob** 훔치다, 도둑질하다   **thief** 도둑   **in full** 전부, 빠짐없이   **monthly installment** 월부, 할부
enable A to B A로 하여금 B할 수 있게 하다

Actual Test 08

Test 08

Q1-2 | Read a text aloud

Question 1

IH 넘기 포인트
- 수신자가 부재 중인 경우 들을 수 있는 자동 응답기 멘트입니다. 부재 기간, 부재 이유, 연락 가능한 방법 등을 강조해서 읽도록 합니다.
- won't와 can't 같은 축약형은 자칫하면 발음이 모호하게 들릴 수 있으니 보다 신경을 써서 읽도록 합시다.

🎙 08-01

볼드: 강하게 읽기 ╱: 올려 읽기 ╲: 내려 읽기 /, //: 끊어 읽기

You have reached the desk / of **Geraldine Reynolds**. ╲ //
I apologize for **not taking** your **call**, / but I'm currently
out of the office and **won't return until the morning**
/ of **September 9**. ╲ // I **can't listen** to my **voice mail** /
because I'm **not** in the **country**, / but I'll be **checking** my
e-mail on a daily basis, ╲ / so **please contact me** that
way. ╲

Geraldine Reynolds 자리로 연결되셨습니다. 전화를 받지 못해 죄송하지만, 저는 현재 사무실에 없으며 9월 9일 오전까지는 자리로 돌아오지 않을 예정입니다. 국내에 없을 것이기 때문에 음성 메시지도 들을 수 없지만, 이메일은 매일 확인할 것이니 이메일로 연락을 주시기 바랍니다.

|어휘| **reach** 도달하다, 닿다; 연락하다 **currently** 현재 **voice mail** 음성 메시지 **on a daily basis** 매일

Question 2

IH 넘기 포인트
- 기부로 인해 공원 공사가 재개될 것이라는 소식을 알리는 지역 뉴스입니다. 기부금액, 공사 기간 등 숫자가 들어 있는 부분을 정확히 읽도록 합시다.

🎙 08-02

볼드: 강하게 읽기 ╱: 올려 읽기 ╲: 내려 읽기 /, //: 끊어 읽기

In **local news**, ╱ / an **anonymous donor** gave **one
million dollars** to the **city** yesterday ╱ / to assist with the
construction of Jefferson Park. ╲ // The **building of**
the **park** has been **delayed** / due to a **lack** of **funding**,
/ but the **donation** means / that construction can **begin
once again**. ╲ // A city spokesperson **mentioned** / that
the **park** should be **completed** / within the **next four
months**. ╲

지역 뉴스로, 어제 익명의 한 기부자가 Jefferson 공원의 건설을 지원하기 위해 시에 1백만 달러를 기부했습니다. 공원 건설은 자금 부족으로 지체되고 있었지만, 이번 기부로 공사가 다시 시작될 수 있게 되었습니다. 시 대변인은 공원이 4개월 이내에 건설될 수 있을 것이라고 언급했습니다.

|어휘| **anonymous** 익명의 **donor** 기부자, 기증자 **assist** 돕다, 후원하다 **construction** 공사 **due to** ~ 때문에 **lack** 부족, 결핍 **funding** 자금, 자금 지원 **donation** 기부, 기증 **spokesperson** 대변인

72

Question 3

IH 넘기 포인트 • 서너 명 정도의 소수의 인물이 등장하면 성별이나 외모에 따라 각 인물들의 동작이나 모습을 설명할 수 있습니다. 배경에서 얻을 수 있는 정보를 이용하여 사진 속 장소나 인물들의 구체적인 직업도 추측해 봅시다.

답변 전략 세우기

1 직원으로 보이는 남성과 여성

- 천을 들고 여성을 보고 있는 남성 (the man is holding some fabric while looking at a woman)
- 계산기를 사용하고 있는 또 다른 여성 (the other woman is using a calculator)

2 고객으로 보이는 여성

- 남성을 보고 있는 여성 (that woman is looking back at him)

3 사진 속 상황이나 장소를 추측할 수 있는 단서

- 테이블 위에 놓여 있는 천과 (some fabric spread out on the table) 인물들 뒤쪽에 보이는 여러 가지 천 (lots of fabric behind the people) → 양복점 (a tailor shop)

모범 답변 1 (IH) 🎤 08-03

There are three people in this picture. The man is holding some fabric while looking at a woman. That woman is looking back at him. The man probably works at the store while the woman is a customer. The other woman is using a calculator. There is some fabric spread out on the table. I can also see lots of fabric behind the people. This must be a picture of a tailor shop.

이 사진에는 세 명의 사람이 있습니다. 남자는 천을 들고서 한 여자를 보고 있습니다. 그 여자도 남자를 보고 있습니다. 남성은 아마도 매장에서 일을 하는 사람일 것이며, 여성은 고객일 것입니다. 다른 여성은 계산기를 사용하고 있습니다. 테이블에는 천이 펼쳐져 있습니다. 또한 사람들 뒤에도 많은 천이 보입니다. 이 사진은 틀림없이 양복점의 사진일 것입니다.

|어휘| **fabric** 천, 직물 **calculator** 계산기 **spread out** 펼치다 **tailor shop** 양복점

모범 답변 2 (AL) 🎤 08-04

I think that this photograph was taken in a tailor shop. There are three people in the photograph. Two are women, and the other is a man. I believe the woman on the left is a customer. The man and the other woman are likely workers at the shop. The man is holding some cloth and is indicating that the customer should feel it. The other woman is holding a calculator and might be figuring out how much something costs. Behind the people, I can see a lot of different types of fabric.

이 사진은 양복점에서 촬영된 것으로 생각됩니다. 사진에는 세 명의 사람이 있습니다. 두 명은 여성이고 다른 한 명은 남성입니다. 왼쪽에 있는 여성은 고객으로 생각됩니다. 남자와 다른 여성은 아마도 양복점의 직원일 것입니다. 남성은 천을 들고 고객에게 만져 볼 것을 권하고 있습니다. 다른 여성은 계산기를 들고 무언가에 대해 가격을 계산하고 있는 것 같습니다. 사람들 뒤쪽에는 다양한 종류의 많은 천을 볼 수 있습니다.

|어휘| **likely** 아마도 **indicate** 가리키다, 보여 주다 **feel** 느끼다 **figure out** 알아내다

IH 넘기 포인트 • 사진이 앞쪽과 뒤쪽으로 구분되는 경우에는 이를 구분하여 설명하는 것도 효과적인 방법입니다. 사람들의 복장이나 사물 등을 통해 장소를 추측할 수 있다면, 이를 설명하도록 합니다.

답변 전략 세우기

1 뒤쪽에 있는 남성들을 묘사한다.
   • 서 있는 두 사람 (two are standing)
   • 악수하고 있는 남성들 (the men are shaking hands)

2 앞쪽에 있는 여성들을 묘사한다.
   • 앉아 있는 세 사람 (three people are sitting)
   • 일을 하고 있음 (doing work)

3 장소를 추측하여 묘사한다.
   • 공항의 라운지인 것으로 보임 (could be a departure lounge in an airport)

모범 답변 1 (IH) 🎤 08-05

I see several people in this picture. Three people are sitting while two are standing. The men are shaking hands with each other. Two women sitting look like they're doing work. Everybody is wearing formal business clothes. Some of the people have luggage, too. Through the windows, I can see several buildings. One building looks like a stadium. There are many chairs, so this could be a departure lounge in an airport.

사진에 몇 명의 사람들이 보입니다. 세 명의 사람들은 앉아 있고 두 명은 서 있습니다. 남자들은 서로 악수하고 있습니다. 앉아 있는 두 명의 여성은 일을 하고 있는 것처럼 보입니다. 모두 격식을 갖춘 정장을 입고 있습니다. 몇몇 사람들은 수하물도 가지고 있습니다. 창문을 통해, 몇몇 건물들을 볼 수 있습니다. 한 건물은 경기장처럼 보입니다. 많은 의자들이 있으며, 이곳은 공항의 출발 라운지인 것 같습니다.

|어휘| **business clothes** 정장   **departure lounge** 공항의 출발 라운지

모범 답변 2 (AL) 🎤 08-06

This picture was taken inside a building. In the foreground, three women are sitting in chairs. Each is dressed in formal clothes, and they all look like they're busy working. Two women are looking at electronic devices. In the background, there are two men who are standing up. The men are wearing suits and shaking hands with each other. Behind everyone, there are huge windows, so I can see some modern-looking buildings in the background. Several of the people in the picture have luggage with them, so it's possible that this picture was taken in an airport.

이 사진은 건물 안에서 촬영되었습니다. 앞쪽에는 세 명의 여성이 의자에 앉아 있습니다. 모든 사람이 격식을 차린 의상을 입고 있으며, 그들은 모두 바쁘게 일하고 있는 것 같습니다. 두 명의 여성은 전자기기를 보고 있습니다. 뒤쪽에는 서 있는 두 명의 남성이 있습니다. 이 남자들은 정장을 입고 있으며 서로 악수하고 있습니다. 모든 사람의 뒤에는 커다란 창문이 있어서, 배경에서 현대식 건물들이 보입니다. 사진의 몇몇 사람들은 수하물을 들고 있어서, 이 사진은 공항에서 촬영된 것 같습니다.

|어휘| **foreground** 전경, 앞 경치   **formal clothes** 격식을 차린 의상   **suit** 정장   **luggage** 짐

Q5-7 | Respond to questions

Imagine that a colleague from overseas will be visiting your office. You are having a telephone conversation about her visit.

외국에서 온 동료가 당신 사무실을 방문할 것이라고 가정해 봅시다. 당신은 그녀의 방문에 대해 전화로 이야기를 하고 있습니다.

Question 5

Where would you recommend that I stay while I'm in the city? | 시내에 있는 동안 머물만한 곳으로 어디를 추천하시겠어요?

IH 넘기 포인트
- 숙박업체를 추천해 달라고 부탁하고 있습니다. 숙박업체의 이름과 위치, 그리고 특징 등에 관해 간략히 언급하도록 합니다.

키워드 떠올리기 twenty-four-hour room service, a swimming pool

모범 답변 1 (IH) 🎙 08-07

I suggest that you stay at the Flamingo Hotel. Many foreign businesspeople like staying there. It has twenty-four-hour room service as well as a swimming pool.

저는 Flamingo 호텔에서 숙박할 것을 추천합니다. 많은 외국인 사업가들이 그곳에서 묵는 것을 좋아합니다. 수영장뿐만 아니라 24시간 룸서비스도 제공됩니다.

| 어휘 | businesspeople 사업가

모범 답변 2 (AL) 🎙 08-08

The best hotel in the city is called the Vertical Hotel. You definitely want to get a room there. It's a very nice, clean place, and it doesn't cost too much money either.

시내 최고의 호텔은 Vertical 호텔이라는 곳입니다. 분명 그곳 객실을 얻고 싶으실 것입니다. 매우 좋고 깨끗한 곳이며 비용 또한 그다지 많이 들지 않습니다.

Question 6

How easy is it to get from that place to your office? | 그곳에서 당신 사무실까지는 어떻게 가야 하나요?

IH 넘기 포인트
- 숙박업체에서 사무실까지 갈 수 있는 방법을 추천해 줍니다. 잊지 말고 추천 사유도 밝히도록 합시다.

키워드 떠올리기 taking a taxi, many taxis in front of the hotel, only takes five minutes

모범 답변 1 (IH) 🎙 08-09

It's not hard to get from there to my office. I recommend taking a taxi. There are many taxis in front of the hotel, and it only takes five minutes to get to my office.

그곳에서 저희 사무실까지 오시는 길은 어렵지 않습니다. 저는 택시 이용을 추천합니다. 호텔 앞에 택시들이 많으며 저희 사무실까지는 5분밖에 걸리지 않습니다.

| 어휘 | in front of ~의 앞에 get to ~에 도달하다, ~에 도착하다

🎤 08-10

Actually, the hotel is located on the same street as my office. That's one of the reasons I suggested it. All you have to do is cross the street and walk one block to get to my workplace.

사실 그 호텔은 저희 사무실과 같은 거리에 위치해 있습니다. 그것이 바로 제가 그곳을 추천한 이유 중의 하나입니다. 거리를 건너서 한 블록만 걸으면 저희 사무실에 도착할 수 있습니다.

|어휘| **locate** 위치시키다 **workplace** 일터, 직장

Question 7

If I want to do some sightseeing, which of the following ways would you suggest I get around town?
· by public transportation
· by renting a vehicle
· by walking

제가 관광을 하고자 하는 경우, 다음 중 어떤 방법으로 돌아다닐 것을 추천하시겠어요?
· 대중 교통으로
· 차량을 렌트해서
· 도보로

IH 넘기 포인트 · 추천할 만한 이동 수단에 대해 묻고 있습니다. 대중 교통 혹은 렌터카 이용, 그리고 도보 중에서 관광에 필요한 교통 수단을 추천한 후 추천 이유를 밝히도록 합니다.

키워드 떠올리기 rent a vehicle, not much traffic in this town, the drivers are polite, a navigation system

🎤 08-11

If I were you, I'd rent a vehicle. There isn't much traffic in this town, so driving isn't a problem. Plus, the drivers are generally polite, and there are few aggressive drivers. Make sure you get a navigation system in the car. That will tell you exactly where you need to go. You won't get lost if you use it.

제가 당신이라면 저는 차를 렌트하겠습니다. 이곳 도시는 교통 체증이 심하지 않기 때문에 운전은 문제가 되지 않습니다. 게다가 운전자들은 일반적으로 공손한 편이고, 난폭한 운전자들은 거의 없습니다. 차에는 반드시 내비게이션이 있어야 합니다. 내비게이션이 당신이 가야 할 곳을 정확히 알려 줄 것입니다. 이를 사용하면 길을 잃지 않을 것입니다.

|어휘| **polite** 공손한, 예의가 바른 **aggressive** 공격적인 **navigation system** 내비게이션

🎤 08-12

The city is rather big, so I don't suggest renting a car. It's easy to get lost when you're driving here. Instead, you'd be much better off using public transportation. The bus and subway systems here are outstanding, and you can get to every tourist spot easily by using them. I can tell you how to go anywhere if you let me know where you're heading.

도시가 다소 크기 때문에 차를 렌트하는 것은 추천하지 않습니다. 이곳에서 운전을 한다면 쉽게 길을 잃을 것입니다. 대신, 대중 교통을 이용하는 편이 훨씬 더 좋습니다. 이곳 버스와 지하철 시스템은 뛰어난 편이어서 이를 이용하면 모든 관광 명소를 쉽게 찾아갈 수 있습니다. 당신이 가려고 하는 곳을 제게 알려 주면 제가 어떻게 가야 하는지 알려 줄 수 있습니다.

|어휘| **get lost** 길을 잃다 **outstanding** 뛰어난 **spot** 장소, 지점 **head** 향하다

Dansby Technology
New Employee Orientation

When: Monday, March 11
Where: Main Auditorium, First Floor, Kingsfield Building
What to Bring: Picture ID, Signed Work Contract

Time	Activity	Leader
9:00 A.M. – 9:15 A.M.	Welcome Speech	Peter Blair (CEO)
9:15 A.M. – 10:00 A.M.	Rules and Regulations	Susan Crow (HR)
10:00 A.M. – 12:00 P.M.	Filling Out Forms: Insurance, Benefits	Ken Lang (HR)
12:00 P.M. – 1:00 P.M.	Lunch (Cafeteria)	N/A
1:00 P.M. – 2:30 P.M.	Company Tour	Susan Crow (HR)
2:30 P.M. – 3:00 P.M.	Meeting Departmental Heads	Paul White (Vice President)

Dansby Technology
신입 사원 오리엔테이션

시간: 3월 11일 월요일
장소: Kingsfield 빌딩 1층 대강당
지참물: 사진이 들어 있는 신분증, 서명된 근로 계약서

시간	내용	진행
9:00 A.M. – 9:15 A.M.	환영사	Peter Blair (대표 이사)
9:15 A.M. – 10:00 A.M.	규칙과 규정	Susan Crow (인사부)
10:00 A.M. – 12:00 P.M.	서류 작성: 보험, 수당	Ken Lang (인사부)
12:00 P.M. – 1:00 P.M.	점심 식사 (구내 식당)	해당 사항 없음
1:00 P.M. – 2:30 P.M.	회사 견학	Susan Crow (인사부)
2:30 P.M. – 3:00 P.M.	부서장과의 미팅	Paul White (부사장)

|어휘| **auditorium** 강당　**picture ID** 사진이 들어 있는 신분증　**work contract** 근로 계약서　**regulations** 규정, 규칙　**HR** 인사(부)
insurance 보험　**benefit** 혜택, 수당　**N/A** 해당 사항 없음

Hello. I'm Brian Reynolds, a new employee at Dansby Technology. I lost the information I had about the new employee orientation. Would it be all right if you answered some of my questions?

안녕하세요. 저는 Dansby Technology의 신입 사원인 Brian Reynolds입니다. 신입 사원 오리엔테이션에 관한 안내문을 잃어버려서요. 제가 몇 가지 질문을 해도 괜찮을까요?

When are we going to fill out all of the forms required for employment?	입사에 필요한 모든 서류들은 언제 작성하게 되나요?

IH 넘기 포인트
- 질문의 키워드가 fill out all of the forms이므로 서류 작성에 관한 부분을 집중적으로 살펴보도록 합니다. 작성 시간뿐만 아니라 진행자에 관한 정보 등도 안내해 주는 것이 좋습니다.

관련 정보 찾기

10:00 A.M.–12:00 P.M.	Filling Out Forms: Insurance, Benefits	Ken Lang (HR)

모범 답변 1 (IH) 🎤 08-13

You'll fill out forms for insurance and benefits in the morning. Ken Lang in HR will do that with you from 10:00 A.M. until lunch.	오전에 보험 및 수당에 관한 양식을 작성하시게 될 것입니다. 인사부의 Ken Lang과 오전 10시부터 점심 시간까지 하시게 될 것입니다.

모범 답변 2 (AL) 🎤 08-14

You're scheduled to fill out various forms from 10:00 A.M. to noon. That will be the third activity of the day and will be led by Ken Lang of the HR Department.	오전 10시부터 12시까지 여러 가지 양식을 작성하시게 될 것입니다. 이는 당일 날 세 번째 일정이 될 것이며 인사부의 Ken Lang에 의해 진행될 것입니다.

Question 9

I heard that the vice president will give the welcome speech. Is that correct?	부사장님께서 환영사를 하실 것이라고 들었습니다. 맞나요?

IH 넘기 포인트
- Activity 항목에서 welcome speech를 찾으면 이는 부사장이 아니라 CEO인 Peter Blair에 의해 진행될 것임을 알 수 있습니다. 따라서 상대방이 알고 있는 잘못된 정보를 정정해 줍니다. 아울러 부사장이 진행할 활동도 추가적으로 밝혀 주면 보다 상세한 답변이 됩니다.

관련 정보 찾기

9:00 A.M.–9:15 A.M.	Welcome Speech	Peter Blair (CEO)
2:30 P.M. – 3:00 P.M.	Meeting Departmental Heads	Paul White (Vice President)

모범 답변 1 (IH) 🎤 08-15

I'm sorry, but that's incorrect. The welcome speech will take place from 9:00 to 9:15 in the morning. The CEO, Peter Blair, will give it. The vice president will not give it.	유감이지만 잘못된 내용입니다. 환영사는 오전 9시부터 9시 15분까지 예정되어 있습니다. 대표이사인 Peter Blair 씨께서 환영사를 하실 것입니다. 부사장님께서 하시지 않습니다.

🎤 08-16

No, that's not correct at all. Peter Blair, the CEO of Dansby Technology, is supposed to give the welcome speech. Paul White, the vice president, will meet the department heads with you.

아니요, 전혀 사실이 아닙니다. 환영사는 Dansby Technology의 대표 이사인 Peter Blair 씨께서 하실 예정입니다. 부사장님이신 Paul White 씨께서는 부서장과의 만남을 진행하실 것입니다.

Question 10

I was informed that Susan Crow from the HR Department will take part in the orientation session. Could you tell me what her role will be?

인사부의 Susan Crow 씨가 오리엔테이션에 참여할 것이라고 알고 있습니다. 그녀의 역할이 무엇인지 말씀해 주실 수 있나요?

IH 넘기 포인트
- Susan Crow 씨의 담당 업무에 대해 안내해 주도록 합니다. Leader 란에 그녀의 이름이 두 차례 나타나고 있으므로 각각의 행사에 대해 자세히 알려 주도록 합시다.

관련 정보 찾기

9:15 A.M.– 10:00 A.M.	Rules and Regulations	Susan Crow (HR)
1:00 P.M. – 2:30 P.M.	Company Tour	Susan Crow (HR)

🎤 08-17

Ms. Crow will be the leader of two activities. First, she will discuss rules and regulations at the company. Her talk will last from 9:15 to 10:00 A.M. After lunch, she will lead a tour of the company. It will start at 1:00 and take one and a half hours to complete.

Crow 씨는 두 가지 행사를 진행할 예정입니다. 먼저, 사내의 규칙과 규정에 대해 논의할 것입니다. 그녀의 강연은 오전 9시 15분부터 10시까지 진행될 것입니다. 점심 시간 이후에는 회사를 견학시켜 줄 것입니다. 이는 1시에 시작될 것이며 끝나기까지 한 시간 반 정도가 걸릴 것입니다.

|어휘| **complete** 완성하다, 완료하다

🎤 08-18

Susan Crow is going to lead two of the activities during the orientation session. From 9:15 to 10:00 in the morning, she will talk to the new employees about the rules and regulations at Dansby Technology. Then, she's going to lead a company tour from 1:00 to 2:30 P.M.

오리엔테이션에서 Susan Crow는 두 가지 행사를 진행할 것입니다. 오전 9시 15분에서 10시까지는 Dansby Technology의 규정과 규칙에 관해 신입 사원들에게 강연을 할 것입니다. 이후 오후 1시부터 2시 30분까지는 회사를 견학시켜 줄 것입니다.

|어휘| **session** 회기, 기간

Q11 | Express an opinion

Do you agree or disagree with the following statement?
It is better to work at a small business than a large one.
Give reasons and examples to support your answer.

아래의 주장에 찬성하십니까, 아니면 반대하십니까?
큰 회사보다 작은 회사에서 일하는 것이 더 낫다.
이유와 예시로 답변을 뒷받침하십시오.

IH 넘기 포인트
- 찬반의 근거는 한 개가 될 수도 있고 여러 개가 될 수 있습니다. 근거가 하나인 경우에는 근거가 빈약하게 들리지 않도록 보다 상세하게, 신경을 써서 답변을 완성해 나가야 합니다.

답변 전략 세우기

찬성 (Agree)	반대 (Disagree)
• 작은 회사가 보다 유연함 (small companies are more flexible) • 직원들이 창의적임 (their employees are frequently allowed to be more creative) • 경영진들이 창의적이고 새로운 아이디어를 시도하려고 함 (managers at small companies are more willing to try creative new ideas)	• 큰 회사는 다른 도시나 국가에 지사를 가지고 있음 (big businesses have several branches in other cities and countries) • 다른 도시나 다른 국가로 전근할 기회를 원함 (want the opportunity to transfer to another city or country) • 전근을 신청할 수 있음 (can apply for a transfer)

모범 답변 1 (IH)

Agree 🎤 08-19

I agree because I think it's better to work at a small company than a big one. For the most part, small companies are more flexible. Nowadays, many great innovations come from small businesses. Their employees are frequently allowed to be more creative. So they can come up with new ideas. Managers at small companies are more willing to try creative new ideas. Managers at big companies are less likely to do that though.

저는 큰 회사보다 작은 회사에서 일하는 것이 더 낫다고 생각하기 때문에 동의합니다. 우선 작은 회사들이 보다 유연합니다. 오늘날 많은 혁신들은 작은 회사로부터 시작되고 있습니다. 그곳 직원들은 창의적인 경우가 많습니다. 따라서 새로운 아이디어를 생각해 낼 수 있습니다. 작은 회사의 경영진들은 창의적이고 새로운 아이디어를 기꺼이 시도해 보고자 합니다. 하지만 큰 회사의 경영진들은 그럴 가능성이 낮습니다.

|어휘| **flexible** 유연한, 유연성이 있는 **innovation** 혁신 **creative** 창의적인 **be likely to** ~하기 쉽다

Disagree 🎙 08-20

I disagree with the statement for one main reason. Small businesses typically have a single location. On the other hand, big businesses have several branches in other cities and countries. When I get a job, I want the opportunity to transfer to another city or country. After I get hired by a company, I can work there for a couple of years. Then, I can apply for a transfer. This will give me the chance to live in a new place.

저는 한 가지 이유 때문에 그러한 주장에 반대합니다. 작은 회사들은 보통 한 곳에 위치해 있습니다. 반면 큰 회사들은 다른 도시나 다른 국가에 지사를 두고 있습니다. 일자리를 구할 때, 저는 다른 도시나 다른 나라로 전근할 수 있는 기회를 얻고 싶습니다. 어떤 회사에 고용이 되면 저는 2년 동안 그곳에서 일을 할 수 있을 것입니다. 그런 다음에는 전근을 신청할 수 있습니다. 그러면 제게 새로운 곳에서 살 수 있는 기회가 주어질 것입니다.

| 어휘 | **typically** 전형적으로   **opportunity** 기회   **transfer** 옮기다, 이동하다; 이동   **apply for** ~을 신청하다

모범 답변 2 (AL)

Agree 🎙 08-21

I believe it's better to work at a small business than a large one, so I therefore agree with the statement. I currently work at a company with only ten employees. As a result, my actions have a large influence on my company's well-being. This makes me an important employee. Another factor is that if small companies become successful, the employees at them can become very wealthy. This happened at Microsoft and many other businesses. My company has a product which might become popular one day. If that happens, my coworkers and I will become very rich.

저는 큰 회사보다 작은 회사에서 일하는 것이 더 낫다고 생각하기 때문에 그러한 주장에 동의합니다. 저는 현재 직원이 10명뿐인 회사에 다니고 있습니다. 그래서 제 행동들은 회사에 큰 영향을 미칩니다. 이로써 저는 중요한 직원이 됩니다. 또 다른 요인은 작은 회사가 성공하는 경우, 그곳 직원들이 매우 부유해 질 수 있다는 점 때문입니다. 이는 마이크로소프트 사 및 기타 여러 회사에서 실제로 일어났던 일입니다. 저희 회사는 언젠가 인기를 끌 수도 있는 제품을 보유하고 있습니다. 그런 일이 일어난다면 제 동료들과 저는 매우 부유해질 것입니다.

| 어휘 | **influence** 영향(력)   **well-being** 복지, 안녕   **factor** 요인   **wealthy** 부유한

Disagree 🎙 08-22

I disagree with the statement because I believe the opposite. In my opinion, it's better to work at a large business than a small one. One reason is that there's more job security at big companies. In my country, the economy isn't currently good, and many small companies are going out of business. Fortunately, I'm employed at a big firm, so most of our jobs are safe. I also like working with a large team of employees. My team members have a variety of skills, so when we work together, we can be successful at our tasks.

저는 그와 반대로 생각하기 때문에 그러한 주장에 동의하지 않습니다. 제 의견으로는 작은 회사보다 큰 회사에서 일을 하는 것이 더 낫습니다. 한 가지 이유는 큰 회사에서의 고용 보장이 보다 확실하다는 점 때문입니다. 현재 국내 경기가 좋지 않아서 많은 소규모 회사들이 파산을 하고 있습니다. 다행히도, 저는 큰 회사에 고용되어 있어서 저희 회사의 일자리는 안전합니다. 저는 또한 다수의 직원으로 구성된 팀으로 일하는 것이 좋습니다. 저희 팀의 팀원들은 다양한 능력을 가지고 있기 때문에 함께 일을 하면 업무를 성공적으로 끝낼 수 있습니다.

| 어휘 | **opposite** 반대   **job security** 고용 보장   **go out of business** 파산하다   **a variety of** 다양한

Actual Test 09

Q1-2 | Read a text aloud

Question 1

IH 넘기 포인트
- 세일을 알리고 있는 광고입니다. 따라서 세일 기간, 매장 위치 등 세일 정보와 관련된 부분을 특히 부각시켜 읽도록 합니다.
- 쉼표가 있는 부분은 쉼표를 지켜 주면서 읽어야 듣기가 편합니다.

🎤 09-01

볼드: 강하게 읽기   ↗: 올려 읽기   ↘: 내려 읽기   /, //: 끊어 읽기

Would you like to purchase **high-quality clothes**↗/ produced **by famous makers** at **low prices**? ↗// If you answered **yes**, ↗/ then you **ought to** visit **Percival Clothes** sometime this weekend. ↘// We're holding our **annual spring clearance sale**, ↘/ during which we offer **discounts** of up to **sixty percent** on **various items**. ↘/ We're located at **42 Brandywine Avenue across** the street from **Cheetah Motors**. ↘

유명 메이커에서 생산된 높은 품질의 의류를 저렴한 가격으로 구입하고 싶으신가요? 그렇다면 이번 주말에 Percival Clothes를 방문해 주십시오. 저희는 봄맞이 클리어런스 세일을 실시할 것인데, 이 기간 동안 다양한 제품에 대해 최대 60%의 할인을 제공해 드립니다. 저희는 Cheetah Motors의 맞은 편인 Brandywine 가 42번지에 위치해 있습니다.

| 어휘 | high-quality 품질이 높은   clearance sale 창고 정리 판매, 클리어런스 세일   discount 할인   be located at ~에 위치하다

Question 2

IH 넘기 포인트
- 세일 광고입니다. 세일 기간과 할인폭, 그리고 세일 대상이 분명히 드러나도록 주의해서 읽도록 합니다.
- 광고에서 사용된 from A to B, between A and B와 같이 기간이나 범위를 나타내는 표현은, A와 B가 짧게 표현된 경우, 하나의 의미로 들릴 수 있도록 붙여 읽는 것이 일반적입니다. 하지만 A와 B가 길게 표현된 경우에는 상황에 따라 끊어 읽을 수도 있습니다.

🎤 09-02

볼드: 강하게 읽기   ↗: 올려 읽기   ↘: 내려 읽기   /, //: 끊어 읽기

Desmond Clothing is once again holding its **annual back-to-school sale**. ↘// From now until September 10, / **all boys' and girls' clothes** are being sold at **discounts** of between **fifteen** and **seventy percent**. ↘// We carry numerous **name-brand clothes**, / and we back our products with a **one-year unconditional guarantee**. ↘// Be sure to visit us on the second floor of the **Burlington Mall**. ↘

Desmond Clothing에서 매년 실시하는 신학기 세일을 올해 또 다시 실시할 것입니다. 지금부터 9월 10일까지 모든 남아 및 여아 의류가 15%에서 70% 사이의 할인 금액으로 판매될 것입니다. 저희는 수많은 유명 브랜드의 의류를 취급하며, 1년간 무조건적인 보증으로 사후 지원을 해 드립니다. 잊지 마시고 Burlington 몰 2층에 위치한 저희 매장을 찾아 주십시오.

| 어휘 | back-to-school 신학기의   numerous 많은   name-brand 유명 브랜드의   back 지원하다, 후원하다 unconditional 무조건적인   guarantee 보장, 보증

Q3-4 | Describe a picture

Question 3

IH 넘기 포인트 · 작업 현장을 보여 주는 사진이 등장하면 작업자들이 무엇을 하고 있는지, 그리고 작업 대상이 무엇인지를 상세히 밝히는 것이 중요합니다.

답변 전략 세우기

1 인부들의 동작을 설명한다.
- 크레인으로 들리는 무언가를 잡고 있는 세 사람 (three men holding something that's being picked up by a crane)
- 인부들을 지켜보고 있는 사람 (the other man is watching them work)

2 작업 대상이 무엇인지 살핀다.
- 커다란 장비 (a big piece of equipment)
- 변압기 (a power transformer)

3 사진에서 볼 수 있는 기타 사항들을 언급한다.
- 나무 (some trees)
- 파란 하늘과 구름 (a blue sky with clouds)

모범 답변 1 (IH) 🎤 09-03

There are four men in this picture. They are wearing the same uniform as well as hardhats. Three men are holding something that's being picked up by a crane. The other man is watching them work. I can see a big piece of equipment in the picture. It might be a power transformer. Behind the men, there are some trees as well as a blue sky with clouds.

이 사진에는 네 명의 사람이 있습니다. 그들은 동일한 안전모와 작업복을 착용하고 있습니다. 세 사람은 크레인으로 들리고 있는 무언가를 잡고 있습니다. 다른 사람은 그들이 작업하는 것을 지켜보고 있습니다. 사진에서는 커다란 장비가 보입니다. 아마도 변압기인 것 같습니다. 사람들 뒤쪽에는 파란 하늘과 구름, 그리고 나무들이 있습니다.

|어휘| **uniform** 제복, 유니폼 **hardhat** 안전모 **crane** 크레인, 기중기 **equipment** 장비, 설비 **power transformer** 전력변압기

모범 답변 2 (AL) 🎤 09-04

This looks like some kind of a worksite. There are four men in the picture. They are all wearing hardhats as well as the same kind of clothes. Three men are holding something that looks like it's being lifted by a crane. The other man is standing above them and may be supervising them. They are all around a large piece of equipment. I'm not sure exactly what it is, but I believe they are at a construction site. In the background, I can see a blue sky with a few clouds in it.

이 사진은 일종의 작업 현장 사진으로 보입니다. 사진에는 네 명의 사람이 있습니다. 그들은 모두 같은 옷을 입고 있고 안전모를 착용하고 있습니다. 세 사람은 크레인으로 들리는 것처럼 보이는 무언가를 잡고 있습니다. 다른 남자는 그들 위쪽에 서 있는데, 아마도 그들을 감독하는 것 같습니다. 그들은 모두 커다란 장비 주변에 있습니다. 그것이 무엇인지 확실하지는 않지만, 저는 이들이 건설 현장에 있다고 생각합니다. 배경에서는 약간의 구름이 낀, 파란 하늘을 볼 수 있습니다.

|어휘| **worksite** 작업 현장, 작업장 **lift** 들어 올리다 **supervise** 감독하다, 지휘하다 **exactly** 정확히 **construction site** 건설 현장, 공사장

IH 넘기 포인트 · 다수 인물이 등장하는 사진에서 인물들이 왼쪽과 오른쪽으로 구분되어 있을 경우, 좌측과 우측을 나누어 설명하도록 합니다. 창밖으로 배경이 보일 경우 이를 설명하도록 합니다.

답변 전략 세우기

1 장소를 설명한다.
   · 계단에 서 있는 사람들 (people standing in the stairway)
2 사람들을 구분하여 설명한다.
   · 이야기를 나누는 우측의 남성 세 명 (three men are on the right / talking to one another)
   · 이야기를 나누는 좌측의 여성 두 명 (two women are on the left / speaking to each other)
3 건물 밖으로 보이는 배경을 묘사한다.
   · 창밖으로 보이는 나무들 (there are lots of trees)

모범 답변 1 (IH) 🎤 09-05

I can see five people standing in the stairway. Three men are on the right. They are talking to one another. Two women are on the left. They are also standing and speaking to each other. Everyone is wearing casual clothes. In the background, there are lots of trees in a park. I think that these people work at the same company. They are probably talking about something related to their jobs.

계단에 서 있는 다섯 명의 사람들이 보입니다. 세 명의 남성이 오른쪽에 있습니다. 그들은 서로 이야기를 나누고 있습니다. 두 명의 여성이 왼쪽에 있습니다. 그들은 서 있으며 서로 이야기하고 있습니다. 모두 평상복을 입고 있습니다. 배경에는 공원에 많은 나무들이 있습니다. 이 사람들은 같은 회사에서 근무하고 있는 것 같습니다. 그들은 아마도 업무와 관련된 것들을 이야기하고 있을 것입니다.

|어휘| **stairway** 계단   **casual clothes** 평상복

모범 답변 2 (AL) 🎤 09-06

I can see several people inside a stairwell. There are five people in two different groups. On the right, there are three men speaking with one another. Two of the men are holding papers. On the left and down the stairs a bit are two women. They are standing and are also having a conversation. Everyone is wearing casual clothes like jeans, but they all look like they are workers at the same company. Behind everyone, I can see trees outside the windows. It looks like there may be a park right outside.

계단통에 있는 몇몇 사람들을 볼 수 있습니다. 두 그룹의 다섯 사람이 있습니다. 오른쪽에는 서로 이야기를 나누고 있는 세 명의 남성이 있습니다. 계단 왼쪽 약간 아래에는 두 명의 여성이 있습니다. 그들은 서 있으며 대화를 나누고 있습니다. 모두 청바지와 같은 평상복을 입고 있지만, 그들은 같은 회사에 있는 직원들인 것 같습니다. 모두의 뒤쪽에는, 창문 바깥에 나무들이 보입니다. 바로 바깥에는 공원이 있는 것으로 보입니다.

|어휘| **stairwell** 계단통, 계단을 포함하는 수직 공간   **a bit** 약간, 조금   **have a conversation** 대화를 나누다

Q5-7 | Respond to questions

Imagine that an American marketing firm is doing research in your country. You have agreed to participate in a telephone interview about hobbies.

미국의 한 마케팅 회사가 당신 나라에서 설문 조사를 하고 있다고 가정해 봅시다. 당신은 취미에 관한 전화 인터뷰에 참여하겠다고 동의했습니다.

Question 5

| What is your favorite hobby, and how often do you do it? | 당신이 가장 좋아하는 취미는 무엇이며, 얼마나 자주 취미 활동을 하십니까? |

IH 넘기 포인트 • 자신의 취미 활동과 취미 활동의 빈도에 대해 언급하도록 합니다.

키워드 떠올리기 love operating drones

모범 답변 1 (IH) 🎤 09-07

These days, I really love operating drones. I enjoy going to the park each weekend and flying my drones. It's really exciting to try to control them.

저는 요즘 드론 조종에 빠져 있습니다. 주말마다 공원에 가서 드론을 날리고 있습니다. 드론 조종은 정말로 재미있습니다.

|어휘| **perate** 작동시키다 **drone** 드론 **control** 통제하다, 제어하다

모범 답변 2 (AL) 🎤 09-08

My favorite hobby is playing the piano. I have been playing the piano ever since I was an elementary school student. I make an attempt to play the piano every day.

제가 가장 좋아하는 취미는 피아노 연주입니다. 저는 초등학생 때부터 피아노를 치고 있습니다. 피아노는 매일 치려고 노력합니다.

|어휘| **make an attempt** 시도하다

Question 6

| Do you spend a lot of money doing your hobby? Why or why not? | 취미 활동에 많은 돈을 쓰십니까? 그렇다면 혹은 그렇지 않다면 그 이유는 무엇입니까? |

IH 넘기 포인트 • 취미 활동에 들어가는 비용에 대해 이야기하도록 합니다.

키워드 떠올리기 pretty expensive, pretty pricy, spent a lot of money

모범 답변 1 (IH) 🎤 09-09

Actually, my hobby is pretty expensive. I own several drones, and some are pretty pricy. I just spent a lot of money on one drone with a camera attached to it.

사실 제 취미 활동에는 많은 비용이 듭니다. 저는 여러 대의 드론을 가지고 있는데 몇 대는 꽤 비싼 편입니다. 카메라가 달려 있는 드론 한 대에는 많은 돈을 썼습니다.

No, I don't spend much money playing the piano. The reason is that I already own a piano. Occasionally, I buy some books containing music I want to play, but they don't cost much.

아니요, 저는 피아노 연주에 많은 돈을 쓰지 않습니다. 그 이유는 이미 피아노를 가지고 있기 때문입니다. 때로로 연주하고 싶은 음악이 들어 있는 책을 사기는 하지만, 비용이 많이 들지는 않습니다.

|어휘| **own** 소유하다　**occasionally** 때로로　**contain** 포함하다

Question 7

What is the best way to get better at your hobby?	취미를 발전시키기 위한 최선의 방법은 무엇입니까?
· by reading books	· 책 읽기
· by talking with other people	· 다른 사람과 이야기하기
· by taking a class	· 수업 듣기

IH 넘기 포인트　· 취미를 더욱 발전시키기 위한 방법을 묻고 있습니다. 선택 항목 중 하나를 택하고 논리적으로 그 이유에 대해 말하도록 합니다.

키워드 떠올리기　talking with other people, a club where everyone flies drones, share tips on how to fly them, improved my skills at using drones

To get better at flying drones, I like talking with other people. I belong to a club where everyone flies drones. When we meet, we share tips on how to fly them. We talk about things that can make our drones fly better. Thanks to some of the tips I've received, I've improved my skills at using drones.

드론 조종을 더 잘하기 위해서는 다른 사람과 이야기하는 것이 좋습니다. 저는 동아리에 속해 있는데 그곳의 모든 사람이 드론을 조종합니다. 우리는 모임에서 드론을 날리는 방법에 대한 정보를 공유합니다. 드론이 더 잘 날 수 있는 방법에 대해 이야기합니다. 제가 얻은 몇몇 정보 덕분에 저는 드론 조종 실력을 향상시킬 수 있었습니다.

|어휘| **belong to** ~에 속하다　**share** 공유하다　**tip** 팁, 조언　**thanks to** ~ 덕분에　**improve** 향상시키다

Of the three choices, I'd say the best way to get better at my hobby is by taking a class. When I was young, I took piano lessons, and the teachers helped me improve my skills. In fact, I even won a couple of contests. I don't have time to take piano lessons now. But if I wanted to get better at the piano, I would try to find a teacher.

저는 세 가지 선택 사항 중에서 취미를 발전시킬 수 있는 가장 좋은 방법은 수업을 듣는 것이라고 말하고 싶습니다. 저는 어렸을 때 피아노 레슨을 받았는데, 선생님들께서 제 실력을 향상시키는 데 도움을 주셨습니다. 실제로 저는 두어 번의 대회에서 수상을 하기도 했습니다. 지금은 피아노 레슨을 받을 수 있는 시간이 없습니다. 하지만 피아노 실력을 높이고 싶은 경우라면 저는 선생님을 찾아볼 것입니다.

|어휘| **contest** 대회, 경기

Meeting Agenda

Ravenwood Textiles
Sales Department
June 2

Expected Attendees: Gina Blaire, Stanley Bobo, Harriet Peterson, Irene Walker, Larry Day

The following is to take place at this week's Sales Department meeting.

10:00 A.M.	Call to order and welcome (G. Blaire)
10:05 A.M.	Reading of last week's minutes (I. Walker)
10:10 A.M.	Updates/Announcements (L. Day)
10:20 A.M.	New business (S. Bobo) * Ermine Department Store * Scofield Fine Clothing
10:35 A.M.	Budget report (L. Day)
10:45 A.M.	July sales report (H. Peterson)
10:55 A.M.	Closing remarks (G. Blaire)

회의 안건

Ravenwood Textiles
영업부
6월 2일

참석 예정자: Gina Blaire, Stanley Bobo, Harriet Peterson, Irene Walker, Larry Day
이번 주 영업부 회의에서의 예정 사항은 다음과 같습니다.

10:00 A.M.	개회사 및 환영사 (G. Blaire)
10:05 A.M.	지난주의 회의록 낭독 (I. Walker)
10:10 A.M.	현황 보고/공지 (L. Day)
10:20 A.M.	신규 사업 (S. Bobo) * Ermine 백화점 * Scofield Fine Clothing
10:35 A.M.	예산 보고 (L. Day)
10:45 A.M.	6월 판매 실적 보고 (H. Peterson)
10:55 A.M.	폐회사 (G. Blaire)

|어휘| **call to order** 개회사   **minutes** 회의록   **closing remarks** 폐회사

Hello. This is Harriet Peterson. I know that I have to attend a meeting tomorrow, but I misplaced the agenda. Could you please answer some questions for me?

안녕하세요. Harriet Peterson입니다. 내일 회의에 참석해야 한다는 점은 알고 있지만, 안건을 찾을 수가 없네요. 몇 가지 질문에 대답해 주실 수 있으신가요?

Question 8

I know I'm supposed to talk at the meeting. What is my role?	제가 회의에서 발표를 해야 한다고 알고 있습니다. 제 역할이 무엇인가요?

IH 넘기 포인트 • 질문한 사람이 Harriet Peterson이므로 이 이름이 적혀 있는 항목을 찾도록 합니다.

관련 정보 찾기

10:45 A.M.	July sales report (H. Peterson)

모범 답변 1 (IH) 🎤 09-13

You will be talking from 10:45 until 10:55 in the morning. You need to give a report on sales in July.	오전 10시 45분부터 10시 55분까지 발표를 하시기로 되어 있습니다. 7월 실적에 대해 보고를 하셔야 합니다.

모범 답변 2 (AL) 🎤 09-14

You're going to present the July sales report. You're scheduled to do that at 10:45, and it looks like you're expected to talk about it for ten minutes.	7월 판매 실적에 대한 발표를 하셔야 합니다. 10시 45분에 예정되어 있으며 10분 동안 말씀을 하시게 될 것으로 보입니다.

Question 9

If I remember correctly, Stanley Bobo is going to give the budget report. That's correct, isn't it?	제 기억이 맞으면 Stanley Bobo가 예산 보고를 할 것입니다. 그렇지 않나요?

IH 넘기 포인트 • Stanley Bobo 그리고 budget report가 언급되어 있는 항목을 찾아 질문의 내용과 비교해 봅시다. 상대방이 잘못 알고 있는 경우에는 항상 잘못을 바로 잡아 주어야 합니다.

관련 정보 찾기

10:20 A.M.	New business (S. Bobo) * Ermine Department Store * Scofield Fine Clothing
10:35 A.M.	Budget report (L. Day)

모범 답변 1 (IH) 🎤 09-15

No, that's not correct at all. Mr. Bobo is going to talk about new business. He will specifically discuss the Ermine Department Store and Scofield Fine Clothing.	아니요, 그렇지 않습니다. Bobo 씨는 신규 사업에 관해 이야기할 것입니다. 특히 Ermine 백화점과 Scofield Fine Clothing에 관해 논의할 것입니다.

|어휘| **specifically** 특별히

I regret to say that you didn't remember correctly.
Larry Day will give the budget report. Stanley Bobo
is supposed to talk about new business involving the
Ermine Department Store and Scofield Fine Clothing.

유감스럽게도 잘못 기억하고 계시는 것 같습니다. Larry Day가 예산 보고를 할 것입니다. Stanley Bobo는 Ermine 백화점 및 Scofield Fine Clothing과 관련된 신규 사업에 관해 이야기를 할 것입니다.

Question 10

I'm going to arrive late at the meeting because I have to meet
a customer. I should be there about ten minutes late. What am
I going to miss?

고객과 만나야 해서 회의에 늦게 도착할 예정입니다. 약 10분 정도 늦을 것 같습니다. 제가 무엇을 놓치게 되나요?

IH 넘기 포인트

• 회의 시작 10분 후에 도착할 것이라고 했으므로 회의 시작 시간부터 이후 10분 이내에 예정되어 있는 일들을 이야기하도록 합니다.

관련 정보 찾기

| 10:00 A.M. | Call to order and welcome (G. Blaire) |
| 10:05 A.M. | Reading of last week's minutes (I. Walker) |

You're going to miss Gina Blaire calling the meeting to
order. She will also welcome the attendees. That will
happen from 10:00 to 10:05. Then, for the next five
minutes, Irene Walker will talk. She will read the minutes
from the last meeting.

Gina Blaire의 개회사를 놓치시게 될 것입니다. 그녀는 참석자들에게 환영사도 할 예정입니다. 이는 10시에서 10시 5분까지 이루어질 것입니다. 이후 5분 동안은 Irene Walker가 이야기를 할 것입니다. 그녀는 지난번 회의의 회의록을 낭독할 것입니다.

It looks like you'll miss the first two items on the agenda.
When the meeting begins at 10:00, Gina Blaire will call
the meeting to order and welcome everyone for about
five minutes. Then, at 10:05, Irene Walker will read the
minutes from the last meeting. That should take five
minutes.

안건상 첫 두 가지 행사를 놓치게 될 것으로 보입니다. 10시에 회의가 시작되면 약 5분 동안 Gina Blaire가 개회사 및 환영사를 할 것입니다. 이후 10시 5분에는 Irene Walker가 지난 회의의 회의록을 낭독할 것입니다. 이는 5분 정도 걸릴 것입니다.

Q11 | Express an opinion

Some people believe that communication skills are the most important characteristic for a manager. Others believe leadership skills are more important. Which do you prefer? Why? Give reasons and examples to support your opinion.

어떤 사람들은 관리자에게 커뮤니케이션 능력이 가장 중요하다고 생각합니다. 다른 사람들은 리더십 능력이 보다 중요하다고 생각하기도 합니다. 당신은 어느 쪽을 선호하십니까? 그 이유는 무엇입니까? 이유와 예시로 의견을 뒷받침하십시오.

IH 넘기 포인트
- 리더의 두 가지 능력 중 어느 것이 더 중요한지 묻고 있습니다.
- 해당 능력을 갖추고 있을 때의 이점과 해당 능력을 갖추지 못했을 때의 문제점을 지적함으로써 설득력을 높일 수 있습니다.

답변 전략 세우기

커뮤니케이션 능력 (Communication Skills)	리더십 능력 (Leadership Skills)
• 관리자의 업무는 직원들에게 업무를 지시하는 것임 (managers simply give assignments to their employees) • 직원들이 업무를 올바르게 할 수 있게 됨 (the employees can do their jobs correctly)	• 직원들은 서로 다른 생각들과 의견을 가지고 있음 (employees all have different thoughts and opinions) • (리더십 능력이 부족하면) 팀의 생산성이 낮음 (my department isn't productive at all)

모범 답변 1 (IH)

Communication Skills 🎤 09-19

A manager needs good communication skills more than leadership skills. Many managers simply give assignments to their employees. In other words, they tell them what to do. If they explain the assignments poorly, the work won't get done well. But if the managers explain the assignments properly, the employees can do their jobs correctly. Doing work the proper way is important for all employees. As a result, I believe communication skills are important for managers.

관리자에게는 리더십 능력보다 뛰어난 커뮤니케이션 능력이 필요합니다. 많은 관리자들이 직원에게 업무를 지시합니다. 즉 그들이 무엇을 해야 할지 알려 줍니다. 업무를 제대로 설명하지 않으면 일이 잘 되지 않을 것입니다. 하지만 관리자가 업무를 제대로 설명한다면 직원들은 업무를 제대로 수행할 수 있습니다. 올바른 방법으로 업무를 처리하는 것은 모든 직원들에게 중요한 일입니다. 따라서 저는 관리자에게 있어서 커뮤니케이션 능력이 중요하다고 생각합니다.

| 어휘 | **assignment** 과제, 업무 **explain** 설명하다 **properly** 적절하게, 제대로

Leadership Skills 🎤 09-20

I think that leadership skills are more important than communication skills. Most managers have a team of employees. These employees all have different thoughts and opinions. So they require a great leader to harmonize their ideas. Sadly, my supervisor is a poor leader. He isn't skilled at getting people to follow him. As a result, my department isn't productive at all. We need a better leader to help us improve.

저는 리더쉽 능력이 커뮤니케이션 능력보다 더 중요하다고 생각합니다. 대부분의 관리자들은 직원으로 구성된 팀을 가지고 있습니다. 이러한 직원들은 모두 서로 다른 생각과 의견을 가지고 있습니다. 따라서 그들의 아이디어를 잘 어우러지게 만들 수 있는 뛰어난 리더가 필요합니다. 안타깝게도 제 상사는 뛰어난 리더가 아닙니다. 사람으로 하여금 자신을 따르도록 만드는 능력이 부족합니다. 그 결과 저희 부서는 전혀 생산적이지 못합니다. 저희에게는 저희를 발전시켜줄, 보다 우수한 지도자가 필요합니다.

|어휘| **opinion** 의견 **harmonize** 조화롭게 만들다 **supervisor** 감독관, 관리자 **be skilled at** ~에 능숙하다 **productive** 생산적인

모범 답변 2 (AL)

Communication Skills 🎤 09-21

Communication skills are more important than leadership skills. I work as a manager at a medium-sized company, so I constantly have to give instructions to my employees. When I tell them what to do and they understand, they can complete their assignments properly. However, there are some occasions when my workers don't understand what I tell them to do. In those situations, they sometimes do their assignments improperly. In other situations, they ask me to repeat myself so that they can understand what I want. Based on my personal experience, I believe communication skills are very important for a manager.

커뮤니케이션 능력이 리더쉽 능력보다 중요합니다. 저는 중간 규모의 회사에서 관리자로 일하고 있기 때문에 항상 직원들에게 지시를 해야 합니다. 제가 그들에게 해야 할 일을 말하고 그들이 이해를 하면 업무를 성공적으로 완수할 수 있습니다. 하지만 직원들이 제가 말한 바를 이해하지 못하는 경우도 있습니다. 그런 경우에는 때때로 업무가 제대로 이루어지지 않습니다. 다른 경우, 제가 원하는 것을 이해할 수 있도록 직원들이 제게 다시 말을 해 달라고 요청하는 때도 있습니다. 개인적인 경험에 기초해 볼 때 저는 관리자에게 커뮤니케이션 능력이 매우 중요하다고 생각합니다.

|어휘| **constantly** 항상 **give instructions** 지시하다 **improperly** 부적절하게 **repeat** 되풀이하다, 반복하다
so that ~ can ~하기 위하여 **based on** ~에 기초해서 **personal experience** 개인적인 경험

Leadership Skills 🎤 09-22

If I had to choose between the two options, I'd go with leadership skills. A person who's a great leader can get others to follow him. For example, my company's CEO is a great leader. He has an excellent vision for the future and is outstanding at explaining it. He makes every employee want to follow him no matter what. Thanks to his leadership skills, most employees work hard and even volunteer to stay late to finish our assignments. Because he's such a strong leader, we're willing to do more work to help him accomplish his goals.

두 가지 사항 중에서 선택을 해야 한다면 저는 리더쉽 능력을 택하고 싶습니다. 뛰어난 리더는 다른 사람들로 하여금 자기를 따르도록 만들 수 있습니다. 예를 들어 저희 회사의 대표 이사는 훌륭한 리더입니다. 미래에 대한 탁월한 비전을 가지고 있고 그것을 설명하는 능력이 뛰어납니다. 어떤 경우라도 모든 직원들이 자신을 따르고 싶어 하도록 만듭니다. 그의 리더쉽 능력 덕분에 대부분의 직원들은 열심히 일을 하며 야근을 자처해서 업무를 마치기도 합니다. 그가 매우 훌륭한 리더이기 때문에, 저희는 그의 목적을 달성하는데 도움이 될 수 있도록, 기꺼이 더 많은 일을 하려고 합니다.

|어휘| **vision** 비전 **no matter what** 반드시, 필히 **volunteer** 자원하다, 자진해서 하다 **stay late** 늦게까지 남아 있다, 야근하다
accomplish 이룩하다, 달성하다

Actual Test 10

Q1-2 | Read a text aloud

Question 1

IH 넘기 포인트
- 워크숍에서 다룰 주제를 순차적으로 소개하는 멘트입니다. prior to, then, finally와 같은 표현을 통해 선후 관계를 정확히 나타내 봅시다.
- 담화 마지막 부분의 what we learn에서 what은 선행사를 포함한 관계대명사입니다. 따라서 what we learn은 하나의 단위로 취급하여 붙여 읽는 것이 자연스럽습니다.

🎙 10-01

볼드: 강하게 읽기 ╱: 올려 읽기 ╲: 내려 읽기 /, //: 끊어 읽기

Prior to beginning today's **workshop**, ╲/ **I'd like to provide** you with a **broad overview** / of what we'll be **covering** in the next few hours. ╲// We'll start by describing some common **cultural mistakes** people make / when **traveling abroad**. ╲// Then, ╱/ we'll discuss **how to avoid offending hosts** in foreign countries. ╲// Finally, ╱/ we'll engage in some **role-playing activities** / to practice what we learn. ╲

오늘 워크숍을 시작하기에 앞서 이후 몇 시간 동안 우리가 다루게 될 내용들을 간략히 소개해 드리고자 합니다. 사람들이 해외 여행 시 저지르게 되는 몇 가지 흔한 문화적인 실수들을 소개하는 것으로 시작할 것입니다. 그런 다음에는 현지인들의 기분을 상하지 않게 만드는 방법에 대해 논의할 것입니다. 마지막에는 배운 내용을 실행해 볼 수 있도록 역할극을 실시할 것입니다.

| 어휘 | **prior to** ~에 앞서, ~ 이전에 **overview** 개요 **cover** 덮다; 다루다 **cultural** 문화의 **offend** 공격하다, 기분 상하게 하다 **engage in** ~에 참여하다, ~에 관여하다 **role-playing activity** 역할극 **practice** 실행하다, 연습하다

Question 2

IH 넘기 포인트
- 라디오 방송에서 곧 출연할 게스트를 소개하고 있습니다. 따라서 게스트의 이름, 직업, 그리고 게스트로 나오게 된 이유가 정확히 드러나도록 지문을 읽도록 합니다.
- 시제를 나타내는 현재완료형이나 be going to 같은 표현은 자연스럽게 연결해서 읽도록 합니다. 이와 같은 표현들은 각각의 단어를 끊어 읽는 경우, 오히려 어색하게 들릴 수도 있습니다.

🎙 10-02

볼드: 강하게 읽기 ╱: 올려 읽기 ╲: 내려 읽기 /, //: 끊어 읽기

Mary Stewart has joined us here in the studio, / and she's going to be **taking questions** from our listeners for the next hour. ╲// **Ms. Stewart** is a long-time resident of **Springfield** and recently **came to prominence** / for something that happened / in **her science laboratory**. ╲// She discovered a **pharmaceutical** ╲/ which **appears to be able to treat** some forms of **cancer**. ╲

조금 전 Mary Stewart가 이곳 스튜디오로 들어 왔는데, 그녀는 앞으로 한 시간 동안 청취자들의 질문을 받을 예정입니다. Stewart 씨는 오랫동안 Springfield의 주민이었으며, 그녀의 실험실에서 일어났던 어떤 일 때문에 최근 유명세를 탔습니다. 그녀는 몇몇 종류의 암을 치료할 수 있는 것으로 보이는 의약품을 발견해 냈습니다.

| 어휘 | **resident** 주민 **recently** 최근에 **come to prominence** 두각을 나타내다, 유명해지다 **laboratory** 실험실 **pharmaceutical** 약 **treat** 다루다, 취급하다; 치료하다 **cancer** 암

Question 3

IH 넘기 포인트 • 다수의 인물이 등장하는 경우에는 사진에서 강조되는 인물과 그렇지 않은 인물을 구분해서 설명하는 것이 효과적입니다.

답변 전략 세우기

1 중심이 되는 인물들을 설명한다.
   • 정면에서 춤을 추고 있는 두 사람 (two people are dancing in the foreground)

2 그 밖의 인물들을 묘사한다.
   • 서서 이야기를 나누고 있는 사람들 (several people are standing around and talking)
   • 아이를 안고 있는 여성 (one woman is holding a little girl)

3 사물들의 배치나 배경에 대해 언급한다.
   • 의자가 놓여 있는 테이블 (a table with some chairs around it)
   • 잎이 달린 나무 (several trees with leaves)
   • 건물들 (a few buildings)

모범 답변 1 (IH) 🎤 10-03

This is a picture of a picnic at a park. Two people are dancing in the foreground. In the background, several people are standing around and talking. One woman is holding a little girl. There is a table with some chairs around it. There are also several trees with leaves. Behind the park, there are a few buildings. And on the left-hand side of the picture, I can see a table with some containers on it.

| 어휘 | **a few** 조금의, 약간의   **container** 용기, 그릇

이 사진은 공원에서 열리고 있는 야유회 사진입니다. 앞쪽의 두 사람은 춤을 추고 있습니다. 뒤쪽에는 몇몇 사람들이 서서 이야기를 나누고 있습니다. 한 여성은 어린 여자 아이를 안고 있습니다. 의자들이 놓여 있는 테이블도 하나 있습니다. 또한 잎이 달려 있는 나무들도 몇 그루 있습니다. 공원 뒤쪽에는 몇 채의 건물들이 있습니다. 그리고 사진의 왼쪽에는 그릇이 놓여 있는 테이블을 볼 수 있습니다.

모범 답변 2 (AL) 🎤 10-04

The people in this picture are having fun. A man and a woman are in the middle of the picture. The man is smiling widely as he dances with the woman. Behind them are several younger people. The woman on the left is holding a little girl, so she's probably the girl's mother. Everyone is standing near a long table with some chairs around it. They're in a big grassy area which appears to be a park. I can see some trees as well. Since the trees have leaves and it's a bright sunny day, it's probably summer.

| 어휘 | **grassy** 잔디가 있는, 풀로 덮인

이 사진 속 사람들은 즐거운 시간을 보내고 있습니다. 사진의 중앙에는 한 명의 남성과 여성이 있습니다. 남성은 여성과 춤을 추면서 활짝 웃고 있습니다. 이들 뒤에는 젊은 사람들이 있습니다. 왼쪽에 있는 여성은 어린 여자 아이를 안고 있기 때문에 아마도 아이의 어머니일 것입니다. 모든 사람들이 의자가 놓여 있는 기다란 테이블 근처에 서 있습니다. 그들은 공원으로 보이는, 잔디가 깔린 넓은 장소에 있습니다. 또한 나무들도 볼 수 있습니다. 나무들에 잎이 달려 있고 날이 매우 화창하기 때문에 아마도 여름일 것입니다.

IH 넘기 포인트 · 소수 인물 등장 사진의 경우에는 각 인물의 행동을 묘사하도록 합니다. 인물의 신원을 추론할 수 있다면 이를
설명하도록 합니다.

답변 전략 세우기

1 **각 인물의 행동을 묘사한다.**
   · 문서를 가리키는 남성 (the man is pointing at a paper)
   · 전화 통화하는 여성 (the woman is talking on the phone)
   · 펜을 들고 문서를 작성하는 여성 (another woman is holding
     a pen and writing on the paper)

2 **눈에 띄는 사물을 묘사한다.**
   · 벽에 걸린 시계 (clocks on the wall)

3 **인물의 신원을 추론한다.**
   · 호텔 프런트 직원일 것으로 추론 (workers at the hotel's
     reception desk)

모범 답변 1 (IH) 🎙 10-05

This picture was taken indoors. A man and a woman are
standing behind the counter. The man is pointing at a
paper. The woman is talking on the telephone. In front of
the counter is another woman. She is holding a pen and
writing on the paper. I see two clocks on the wall behind
everyone. The woman is probably checking in to a hotel.
The man and the other woman are likely workers at the
hotel's reception desk.

이 사진은 실내에서 촬영되었습니다. 한 남성과
여성은 카운터 뒤에 서 있습니다. 남성은 문서를
가리키고 있습니다. 여성은 전화 통화를 하고
있습니다. 카운터 앞에는 다른 여성이 있습니다.
그녀는 펜을 들고 문서를 작성하고 있습니다.
모든 사람의 뒤에 있는 벽에 두 개의 시계가 보
입니다. 여성은 아마도 호텔에 체크인하는 것
같습니다. 남성과 다른 한 명의 여성은 호텔
프런트의 직원인 것 같습니다.

| 어휘 | **reception desk** 접수처, 프런트

모범 답변 2 (AL) 🎙 10-06

This is a picture taken indoors. There are three people
shown. Two are standing behind the counter while a lady
is standing on the other side. The man is pointing at a
paper while one woman is writing on it. The other woman
is speaking on the telephone. The two people behind the
counter are wearing similar clothes. The other woman
is wearing a gray shirt. I think she's a traveler. On the
wall, there are two clocks showing different times. This
appears to be a hotel's reception desk. I think the woman
is checking in to the hotel.

이것은 실내에서 촬영된 사진입니다. 세 명의
사람들이 보입니다. 두 명은 카운터 뒤에 있고
한 명의 여성이 반대편에 서 있습니다. 남자는
서류를 가리키고 있고 한 여성이 그것을 작성하
고 있습니다. 다른 한 명의 여성은 전화 통화를
하고 있습니다. 카운터 뒤의 두 사람은 비슷한
복장을 착용하고 있습니다. 다른 한 여성은 회색
셔츠를 입고 있습니다. 이 여성은 여행자인 것
같습니다. 벽에는 서로 다른 시간을 표시하고
있는 두 개의 시계가 있습니다. 이곳은 호텔의
프런트인 것 같습니다. 여성은 호텔에 체크인
하고 있는 것 같습니다.

| 어휘 | **point** 가리키다 **check in** 체크인하다

Q5-7 | Respond to questions

Imagine that someone is writing a story about the stores in your city. You have agreed to participate in a telephone interview about shopping.

누군가가 당신이 사는 도시의 매장에 대한 글을 쓰고 있다고 가정해 봅시다. 당신은 쇼핑에 관한 전화 인터뷰에 참여하겠다고 동의했습니다.

Question 5

What was the last thing you bought at a store, and why did you buy it?

매장에서 가장 최근에 구입한 것은 무엇이었으며, 왜 그것을 구입하셨습니까?

IH 넘기 포인트　• 가장 최근에 구매한 품목과 그것을 구입한 이유를 짧히 밝히도록 합니다.

키워드 떠올리기　a pair of shoes, a coming-up job interview

모범 답변 1 (IH)　🎙 10-07

Just this morning, I visited a store and bought a pair of shoes. I have a job interview coming up soon, and I didn't have a good pair of dress shoes to wear.

저는 오늘 아침에 매장을 방문해서 구두 한 켤레를 샀습니다. 곧 취업을 위한 면접이 있을 예정인데 신을 만한 정장 구두가 없었습니다.

|어휘|　**job interview** (취업을 위한) 면접　**dress shoes** 정장 구두

모범 답변 2 (AL)　🎙 10-08

Yesterday, I dropped by the local supermarket and bought some food. I purchased it because there wasn't anything in my refrigerator, so I needed some groceries to be able to cook.

저는 어제 근처 슈퍼마켓에 들러서 식료품을 구입했습니다. 냉장고에 아무것도 없어서 요리할 재료가 필요했기 때문에 구입을 했습니다.

|어휘|　**drop by** ~에 들르다　**refrigerator** 냉장고　**grocery** 식료품

Question 6

How did you pay for your purchase?

구입 물품은 어떻게 결제하셨습니까?

IH 넘기 포인트　• 자신이 사용한 결제 수단, 즉 현금 결제, 신용 카드 결제 등에 대해 언급하도록 합니다.

키워드 떠올리기　didn't have enough cash, pay for them with my credit card

모범 답변 1 (IH)　🎙 10-09

The shoes I bought were a bit expensive. I didn't have enough cash on me this morning. As a result, I paid for them with my credit card.

제가 구입한 구두는 다소 비싼 편이었습니다. 오늘 아침에는 수중에 현금이 충분치 않았습니다. 그래서 신용 카드로 결제했습니다.

I used my debit card to pay for my groceries. I don't like carrying cash with me, so I nearly always make purchases at stores with my debit card.

저는 체크 카드를 이용해서 식료품을 결제했습니다. 수중에 현금을 지니고 다니는 것을 좋아하지 않기 때문에 매장에서는 거의 항상 체크 카드로 물건을 구입합니다.

|어휘| **debit card** 직불 카드, 체크 카드

Question 7

What was the shopping experience like at the store you bought that item from?	그 물건을 산 매장에서 어떤 기분이 들었습니까?

IH 넘기 포인트 • 매장에서 느꼈던 경험에 대해 묻고 있습니다. 상품 자체, 혹은 서비스와 관련해서 느꼈던 기분을 솔직하게 이야기해 봅시다.

키워드 떠올리기 not positive, had to wait five minutes for a salesperson to assist me, she wasn't very helpful

모범 답변 1 (IH) 🎙 10-11

Honestly, my shopping experience there wasn't positive. I had to wait five minutes for a salesperson to assist me. She wasn't very helpful either. I asked her for some advice about what to buy, but she didn't tell me anything. I nearly left the store without buying anything. But I really needed the shoes, so I still purchased them.

솔직히 말해서 그곳에서 쇼핑할 때의 기분은 좋지 않았습니다. 저는 판매 직원의 도움을 받기까지 5분을 기다려야만 했습니다. 또한 그녀는 크게 도움이 되지도 못했습니다. 저는 어떤 것을 사야 할 것인지에 관한 조언을 부탁했지만, 그녀는 제게 어떤 말도 해 주지 않았습니다. 저는 아무것도 사지 않은 채 매장을 떠날 뻔했습니다. 하지만 정말로 구두가 필요했기 때문에, 그럼에도 불구하고, 구매를 했습니다.

|어휘| **honestly** 솔직히, 솔직하게 말해서 **positive** 긍정적인 **salesperson** 판매 직원, 영업 사원 **helpful** 도움이 되는 **nearly** 거의

모범 답변 2 (AL) 🎙 10-12

The shopping experience at my local supermarket is always pleasant. The store sells fresh food, so I know that I'm buying quality groceries. It also has a bakery, so the delicious smell of fresh bread is everywhere in the store. I don't have to pay expensive prices either because there are always sales on various items. I get plenty of value for my money there.

근처 슈퍼마켓에서 쇼핑할 때에는 항상 기분이 좋습니다. 그 매장은 신선 식품을 판매하기 때문에 저는 제가 품질이 좋은 식료품을 구입하고 있다는 점을 알 수 있습니다. 또한 그곳에서는 제과점이 있어서 갓 구운 맛있는 빵 냄새가 매장 전체에 풍깁니다. 여러 가지 품목들이 항상 세일 중이기 때문에 많은 비용을 지불할 필요도 없습니다. 그곳에서는 값어치를 하는 물건들을 사게 됩니다.

|어휘| **value for one's money** 값어치를 하는 물건을 사다

Springfield Community Center
Large Meeting Room Reservations: October

Date	Time	Event	Comments
Thursday, October 3	5-7 P.M.	Book of the Month Club	30 chairs needed arranged in a circle
Monday, October 7	7-8 P.M.	Better Business Bureau Meeting	
Friday, October 11	12-3 P.M.	Bake Sale	10 tables needed
Tuesday, October 15	8-10 P.M.	Movie Screening	Projector and screen needed
Wednesday, October 23	6-7 P.M.	French Language Lesson	15 chairs needed
Thursday, October 24	4-5 P.M.	Photography Club Meeting	
Monday, October 28	7-8 P.M.	Campaign Speech by Sarah Truman	
Wednesday, October 30	6-7 P.M.	French Language Lesson	15 chairs needed

Springfield 커뮤니티 센터
대회의실 예약 상황: 10월

날짜	시간	행사	참고
10월 3일 목요일	5–7 P.M.	이달의 책 클럽	의자 30개 원형 배치 필요
10월 7일 월요일	7–8 P.M.	사무 개선 협회 모임	
10월 11일 금요일	12–3 P.M.	빵 바자회	테이블 10개 필요
10월 15일 화요일	8–10 P.M.	영화 상영	프로젝터 및 스크린 필요
10월 23일 수요일	6–7 P.M.	프랑스어 수업	의자 15개 필요
10월 24일 목요일	4–5 P.M.	사진 동아리 모임	
10월 28일 월요일	7–8 P.M.	Sarah Truman의 선거 연설	
10월 30일 수요일	6–7 P.M.	프랑스어 수업	의자 15개 필요

|어휘| in a circle 원형으로 bake sale 빵 바자회 campaign speech 선거 연설

Hello. My name is Beth Robinson. I have some questions about the events taking place in October. Could you please answer a few of my questions?

안녕하세요. 제 이름은 Beth Robinson입니다. 10월에 진행되는 행사에 관해 몇 가지 질문이 있습니다. 제 질문에 답변해 주실 수 있으신가요?

Could you tell me about the bake sale that's going to be held in October?	10월에 열릴 예정인 빵 바자회에 대해 알려 주실 수 있으신가요?

IH 넘기 포인트 · bake sale 항목과 관련된 내용을 빠짐 없이 알려 주도록 합니다. 참고로 bake sale(빵 바자회)은 빵이나 제과를 팔아서 만든 수익으로 불우 이웃을 돕는 자선 행사입니다.

관련 정보 찾기

Friday, October 11	12-3 P.M.	Bake Sale	10 tables needed

모범 답변 1 (IH) 🎙 10-13

Sure. The bake sale will be on Friday, October 11. It is going to start at 12:00 P.M. It is going to finish at 3:00 P.M.

물론입니다. 빵 바자회는 10월 11일 금요일에 있을 예정입니다. 오후 12시에 시작될 예정입니다. 오후 3시에 끝이 납니다.

모범 답변 2 (AL) 🎙 10-14

The bake sale is scheduled to be held on Friday, October 11. It's going to last for three hours from noon to 3:00 in the afternoon.

빵 바자회는 10월 11일 금요일에 진행될 예정입니다. 오후 12시부터 3시까지 세 시간 동안 진행될 것입니다.

When I checked the schedule the last time, the photography club was not going to be holding a meeting. Is that still correct?	제가 마지막으로 일정을 확인했을 때 사진 동아리 모임은 예정되어 있지 않았습니다. 지금도 그런가요?

IH 넘기 포인트 · Event 항목에서 photography club(사진 동아리)과 관련된 내용을 찾아 답변하도록 합니다.

관련 정보 찾기

Thursday, October 24	4-5 P.M.	Photography Club Meeting	

모범 답변 1 (IH) 🎙 10-15

No, I'm afraid that's not right. On Thursday, October 24, the photography club will have a meeting. It will be for one hour from 4:00 to 5:00 P.M.

아니요, 유감이지만 그렇지 않습니다. 10월 24일 목요일에 사진 동아리가 모임을 가질 것입니다. 모임은 오후 4시부터 5시까지 한 시간 동안 진행될 예정입니다.

모범 답변 2 (AL) 🎙 10-16

No, that's no longer correct. The photography club is scheduled to have a meeting on the twenty-fourth of October. That's a Thursday. The members will meet from 4:00 to 5:00 P.M.

아니요, 더 이상 그렇지 않습니다. 사진 동아리는 10월 24일에 모임을 가질 예정입니다. 목요일입니다. 회원들은 오후 4시부터 5시까지 모임을 가질 것입니다.

|어휘| **no longer** 더 이상 ~않다

Question 10

I'm going to be studying French at the community center in October. Could you tell me everything I need to know about the French language lessons?

저는 10월에 커뮤니티 센터에서 프랑스어를 배울 예정입니다. 프랑스어 수업에 대해 제가 알아야 할 모든 사항을 말씀해 주실 수 있으신 가요?

IH 넘기 포인트
- 시간표에서 French language lessons(프랑스어 수업)과 관련된 내용을 찾아 모두 알려 주도록 합니다. 15 chairs needed라는 문구를 통해서는 프랑스어 수업에 참석할 학생수도 추측해 볼 수 있습니다.

관련 정보 찾기

Wednesday, October 23	6-7 P.M.	French Language Lesson	15 chairs needed
Wednesday, October 30	6-7 P.M.	French Language Lesson	15 chairs needed

모범 답변 1 (IH) 🎤 10-17

The first French language lesson will be on Wednesday, October 23. It will last from 6:00 to 7:00 P.M. One week later, you will have another lesson. The lesson will be on Wednesday, October 30. It will start at 6:00 and will finish at 7:00.

첫 번째 프랑스어 수업은 10월 23일 수요일에 있습니다. 오후 6시부터 7시까지 진행될 예정입니다. 일주일 후에 수업이 한 번 더 있습니다. 이 수업은 10월 30일 수요일에 진행될 예정입니다. 6시에 시작해서 7시에 끝납니다.

모범 답변 2 (AL) 🎤 10-18

There are two French language lessons in October. They will last from 6:00 to 7:00 in the evening. The first lesson is on Wednesday, October 23. The second is on Wednesday, October 30. According to the comments, 15 chairs are needed, so I guess that's the number of students in the class.

10월에 프랑스어 수업은 두 번 있습니다. 저녁 6시부터 7시까지 진행될 예정입니다. 첫 번째 수업은 10월 23일 수요일에 있습니다. 두 번째 수업은 10월 30일 수요일에 있습니다. 참고 사항에 따르면 15개의 의자가 필요하므로 이 숫자가 곧 학생수일 것입니다.

Q11 | Express an opinion

What are some disadvantages of making purchases online?
Give specific reasons or examples to support your opinion.

온라인에서 물건을 구매하는 것의 단점은 무엇입니까? 구체적인 이유나 예시를 제시하여 의견을 뒷받침하십시오.

IH 넘기 포인트 • 서술형 답변의 경우 특정한 주제에 대한 장점이나 단점을 묻는 경우가 대부분입니다. 오프라인 쇼핑과 비교해 보면 온라인 쇼핑의 단점을 쉽게 떠올려 볼 수 있는데, 예를 들면 상품을 직접 확인할 수 없다는 것과 상품이 배송될 때까지 기다려야 한다는 점입니다.

답변 전략 세우기

온라인 쇼핑의 단점 (Disadvantages of making purchases online)

- 제품이 도착하기 전까지 상품을 볼 수 없음 (you can't see the products you buy until they're delivered)
  - 제품이 웹사이트에서 본 것과 다를 수 있음 (the item looked different from the picture on the Web site)
  - 이러한 사유의 반품이 거절될 수 있음 (the company wouldn't allow me to return it)
- 상품이 배송될 때까지 기다려야 함 (you have to wait a few days to get your purchases)
  - 제품이 즉시 필요할 경우 기다릴 시간이 없음 (I need items immediately and don't have time to wait)
- 위조품이 판매될 가능성이 있음 (some online retailers sell counterfeit items)

모범 답변 1 (IH) 🎙 10-19

I can think of several disadvantages of making purchases online. The biggest is that you can't see the products you buy until they're delivered. When purchasing clothing, this can be a big problem. The last time I ordered clothes online, the item I got looked very different from the picture on the Web site. The company wouldn't allow me to return it, so I totally wasted my money. Another disadvantage is that you have to wait a few days to get your purchases. Sometimes I need items immediately and don't have time to wait for delivery.

온라인 쇼핑의 여러 가지 단점이 떠오릅니다. 가장 큰 단점은 제품이 도착할 때까지 그것을 볼 수 없다는 점입니다. 옷을 구매할 때, 이는 큰 문제가 될 수 있습니다. 제가 마지막으로 온라인에서 옷을 주문했을 때, 받았던 상품은 웹사이트의 사진과 너무 달라 보였습니다. 회사에서는 반품을 승인하지 않았고, 저는 완전히 돈을 헛되이 써버리게 됐습니다. 또 다른 단점은 구매한 상품을 수령하기 위해 며칠 동안 기다려야 한다는 점입니다. 물건이 즉시 필요해서 배송을 기다릴 시간이 없는 경우가 종종 있습니다.

| 어휘 | **make a purchase** 구매하다 **deliver** 배달하다 **immediately** 즉시

Online shopping has quite a few disadvantages. For instance, some online retailers sell counterfeit items. Once, I spent lots of money buying a handbag online. When it arrived, I realized I'd been sold a fake. At a physical store, I could look carefully at items. So I wouldn't get scammed like that. Purchases can also take too long to be delivered. The seller promises they'll arrive in two days, but they sometimes don't get to me for a week.

온라인 쇼핑에는 꽤 많은 단점들이 있습니다. 예를 들어, 몇몇 온라인 소매업자들은 위조 상품을 판매하고 있습니다. 언젠가, 저는 온라인에서 고가의 핸드백을 구입했습니다. 가방이 도착했을 때, 제가 모조품을 구매했다는 것을 알게 되었습니다. 오프라인 매장에서는, 상품들을 신중하게 살펴볼 수 있습니다. 그러므로 이와 같이 사기를 당하지 않을 것입니다. 구매한 제품이 배송될 때까지 너무 오래 걸릴 수도 있습니다. 판매자는 이틀 내에 제품이 도착할 것이라고 약속하지만, 그것들은 1주일 동안 저에게 도착하지 않을 때도 있습니다.

|어휘| **quite a few** 상당수의 **retailer** 소매업자 **counterfeit** 위조의 **fake** 모조품 **physical store** 오프라인 매장
get scammed 사기를 당하다

MEMO